ANALYSEN UND REFLEXIONEN

Band 22

Egon Ecker

Franz Kafka

Das Urteil
Vor dem Gesetz
Ein Hungerkünstler

Interpretation und didaktische Hinweise

Joachim Beyer Verlag — 8601 Hollfeld/Ofr.

ISBN 3-921202-30-2

Druck: Heinz Neubert, Bayreuth, Schloßberglein 4

Inhaltsübersicht

1. Kafkas Leben

Kurzbiographie

Franz Kafka, am 3. 7. 1883 als Sohn des Kaufmanns Hermann Kafka und dessen Frau Julie geb. Löwy in Prag geboren, hatte zu seinen Eltern ein widersprüchliches Verhältnis. Mit seinem Vater verband ihn eine Haßliebe, die Mutter trat für ihn weniger in Erscheinung. Seine eigentlichen Erzieher waren drei Hausangestellte, unter deren Einfluß er in seiner Jugend zu einem ängstlichen und verschlossenen Knaben wurde. Kafka litt zudem sehr unter der Tyrannei seines Vaters wie auch unter dem überaus stark ausgeprägten Gerechtigkeitssinn seiner Mutter. Obwohl sein Vater ein tschechischer Jude war, versuchte er, sich politisch neutral zu halten und es weder mit den Österreichern, noch den Tschechen, noch den Juden zu verderben. Dennoch tendierte er eindeutig zur herrschenden deutschen Schicht und ließ seine Kinder in deutschen Schulen erziehen. Die despotischen Erziehungsmethoden des Elternhauses, das Kafka als „dumpf, giftreich und kinderauszehrend" empfand, führten dazu, daß er sich nach außen abschloß. Zwischen ihm und seinen Jugendfreunden befand sich, wie einer seiner Mitschüler äußerte, stets eine unüberbrückbare gläserne Wand. Um 1897/98 begann Kafka zu schreiben, vernichtete jedoch alles wieder. Kennzeichnend für seine späte Gymnasialzeit ist seine Sehnsucht nach Teilhabe an einer Gemeinschaft, die dazu führte, daß er sich unter dem Einfluß eines Mitschülers sozialistischen Ideen öffnete. Nach dem Abitur studierte er an der deutschen Universität Prag Jura, weil sein Vater dies wollte. Er schloß sein Studium 1906 mit der Promotion ab. Während der Semesterferien hatte er öfters seinen Onkel Siegfried besucht, der Landarzt war und den er sehr verehrte. Seine Gestalt spiegelt sich in der Geschichte „Der Landarzt" wider. Unter dem Einfluß seines Freundes Pollak beschäftigte er sich mit Nietzsche und Kierkegaard, er wurde auch auf die zeitgenössischen Dichter Hofmannsthal und George aufmerksam. Diese schöngeistige Tätigkeit befriedigte ihn mehr als das trockene Jurastudium, das er nur unwillig hinter sich brachte. Vielleicht aber war es dennoch die Beschäftigung mit der

Rechtswissenschaft, die ihn zu einem kühlen, nüchternen Schriftsteller machte. Aus all dem, was er schrieb, läßt sich zugleich eine Haltung des Staunens, des Überraschtseins über Dinge, die ihm fremd erscheinen, herauslesen als auch eine gewisse scheue Distanz oder fast Distinguiertheit. „Die Situation, in der zwischen den Dingen willkürliche Bezüge gesetzt werden, ist der des Traumes ähnlich, und die einzige Tagebuchnotiz, in der Kafka von dieser Entscheidung in seiner Jugend spricht, beschreibt sie:
Ich saß einmal vor vielen Jahren, gewiß traurig genug, auf der Lehne des Laurenziberges. Ich prüfte die Wünsche, die ich für das Leben hatte. Als wichtigster oder als reizvollster ergab sich der Wunsch, eine Ansicht des Lebens zu gewinnen (und – das war allerdings notwendig verbunden – schriftlich die andern von ihr überzeugen zu können), in der das Leben zwar sein natürliches schweres Steigen und Fallen bewahre, aber gleichzeitig mit nicht minderer Deutlichkeit als ein Nichts, als ein Traum, als ein Schweben erkannt werde. Vielleicht ein schöner Wunsch, wenn ich ihn richtig gewünscht hätte. Etwa als Wunsch, einen Tisch mit peinlich ordentlicher Handwerksmäßigkeit zusammenzuhämmern und dabei gleichzeitig nichts zu tun, und zwar nicht so, daß man sagen könnte: „Ihm ist das Hämmern ein Nichts“, sondern „Ihm ist das Hämmern ein wirkliches Hämmern und gleichzeitig auch ein Nichts“, wodurch ja das Hämmern noch kühner, noch entschlossener, noch wirklicher und, wenn du willst, noch irrsinniger geworden wäre. Aber er konnte gar nicht so wünschen, denn sein Wunsch war kein Wunsch, es war nur eine Verteidigung, eine Verbürgerlichung des Nichts, ein Hauch von Munterkeit, den er dem Nichts geben wollte, in das er zwar damals kaum die ersten bewußten Schritte tat ,das er aber schon als sein Element fühlte. Es war damals eine Art Abschied, den er von der Scheinwelt der Jugend nahm, sie hatte ihn übrigens niemals unmittelbar getäuscht, sondern nur durch die Reden aller Autoritäten ringsherum täuschen lassen. So hatte sich die Notwendigkeit des „Wunsches“ ergeben.
Der Wunsch, eine Ansicht des Lebens zu gewinnen, die es gleichzeitig als ein Traum, als ein Schweben erscheinen lasse, diese Revolte des „Naiven“ ist in der Tat der Abschied von der Scheinwelt der Jugend.“ (Klaus Wagen-

bach, Franz Kafka in Selbstzeugnissen und Bilddokumenten, rowohlts monographien Bd. 91, 1964, S. 44)
In diesen Zeilen Kafkas wird eine deutliche Hinwendung zum Nihilismus spürbar, die sich aber noch nicht auf eine Ablehnung der bürgerlichen Werte festlegt, sondern eher als Schutzwall nach außen zu sehen ist als Folge einer egozentrischen Abkapselung. Dem entspricht auch eine sich zunächst immer mehr verstärkende religiöse und politische Vereinsamung. Kafka vollzog in seiner Person, was damals allgemein auf die Lage des böhmischen Judentums zutraf. „Die Lage des Prager Judentums, seine Abwehrhaltung nach außen, ist von Pavel Eisner treffend als eine Umsiedsiedlung aus dem religiösen in ein soziologisches Getto bezeichnet worden. An die Stelle der Gläubigkeit traten kulturelle oder gesellschaftliche Derivate, an die Stelle der Glaubensverbindungen die Geschäftsverbindungen. Die Söhne dieser Generation waren ohne Erbe, auch Kafka nennt sich im Brief an den Vater einen in Wahrheit enterbten Sohn". (Wagenbach, a.a.O., S. 50) Politisch lebte Kafka als ein „deutscher Gebildeter", diese aber, und insbesondere die deutschen Literaten, befanden sich ihrerseits in einem geistigen Getto, was sich in einem restringierten Sprachschatz bemerkbar machte.
„Kafkas charakteristischer Purismus, die nüchterne Konstruktion der Sätze und die Wortarmut sind ohne den Hintergrund des Pragerdeutschen nicht denkbar. Die Ursache dieses Entschlusses der Beschränkung auf das von der Umwelt gebotene Sprachmaterial ist wiederum die immer stärker sich ausprägende Wahrheitsidolatrie ... Umgekehrt hat Kafkas „Fremdheit" gegenüber den Dingen auch sprachliche Ursachen: Das trockene papierne Pragerdeutsch war unfähig der unmittelbaren Vertrautheit, die die allgemein gesprochene Sprache oder der Dialekt besitzen. Die eigene Sprache besaß stets einen Rest an Fremdheit, auch die Distanz zum einzelnen Wort stellte sich von selbst ein. Worte, Metaphern und sprachliche Fügungen erhielten, der Einebnung durch den Allgemeingebrauch enthoben, ihre ursprüngliche Bedeutungsvielfalt zurück, wurden bilderreicher, reicher an Assoziationsmöglichkeiten. Im Werk Kafkas finden sich denn auch fast auf jeder Seite solche aus striktem Wörtlichnehmen der Vokabel entstehenden Assoziationsketten, in denen sich Bild an Bild reiht".

(Wagenbach, a.a.O., S. 56) Kafka erinnert denn auch so in gewisser Hinsicht an Till Eulenspiegel, der – gar kein Narr, sondern Kritiker – durch das Wörtlichnehmen der Sprache seine Umwelt ad absurdum führt.
Nach seinem akademischen Studium und einem Referendariat von einem Jahr trat Kafka im Oktober 1907 als Hilfskraft bei der Assicurazioni Generali ein, wechselte aber im Juli 1908 zur Arbeiter-Unfall-Versicherung, wo er bis zu seiner Pensionierung im Juli 1922 blieb. Bei seiner Arbeit als Sekretär der Unfallversicherung lernte er die soziale Lage der Arbeiter kennen, und dies bewog ihn sicherlich, sich wieder für die sozialen und politischen Interessen der Arbeiter Böhmens zu interessieren. So nahm er in den Jahren 1908 bis 1912 an einigen Veranstaltungen tschechischnationaler und sozialer Organisationen teil. (1918 entwirft er einen Plan „Die besitzlose Arbeiterschaft“, aufgeteilt in „Rechte“ und „Pflichten“). Das Jahr 1912 ist für Kafka ein entscheidender Wendepunkt. „1912 ist die Vereinsamung, Versteinerung, abgeschlossen und kaum mehr von außen beeinflußbar. In einer Rezension der Zeitschrift „Hyperion“, die ihr Erscheinen eingestellt hatte (in ihr waren auch die ersten Arbeiten Kafkas erschienen: „Die Bäume“, „Kleider“, „Die Abweisung“, „Der Kaufmann“, „Zerstreutes Hinschaun“, „Der Nachhauseweg“, „Die Vorüberlaufenden“, „Der Fahrgast“, 1908; die beiden Gespräche aus „Beschreibung eines Kampfes“ 1909), schreibt Kafka: ‚Diejenigen, welche ihre Natur von der Gemeinschaft fernhält ... brauchen auch keine Verteidigung, denn das Unverständnis kann sie nicht treffen, weil sie dunkel sind ,und die Liebe findet sie überall; sie brauchen auch keine Kräftigung, denn, wenn sie wahrhaftig bleiben wollen, können sie nur von sich selbst zehren, so daß man ihnen nicht helfen kann, ohne ihnen vorher zu schaden‘. Durch die rigorose Kräftekonzentration entstehen im Herbst dieses Jahres die ersten Hauptwerke: der größere Teil (Kapitel 1–7) des Romans „Der Verschollene“ (Amerika) und die beiden „Geschichten“ „Das Urteil“ und „Die Verwandlung“. Zuerst wurde, in der Nacht vom 22. auf den 23. September, „Das Urteil“ niedergeschrieben; unmittelbar darauf trägt Kafka ins Tagebuch ein: ‚Die fürchterliche Anstrengung und Freude, wie sich die Geschichte vor mir entwickelte, wie ich in einem Gewässer vorwärtskam.

Mehrmals in dieser Nacht trug ich mein Gewicht auf dem Rücken. Wie alles gesagt werden kann, wie für alle, für die fremdesten Einfälle ein großes Feuer bereitet ist, in dem sie vergehn und auferstehn. ... Die bestätigte Überzeugung, daß ich mich mit meinem Romanschreiben in schändlichen Niederungen des Schreibens befinde. Nur so kann geschrieben werden, nur in einem solchen Zusammenhang, mit solcher vollständigen Öffnung des Leibes und der Seele.‘ (Die Bemerkung von den schändlichen Niederungen des Romanschreibens bezieht sich auf Entwürfe und Vorstudien zum „Verschollenen“, einige Tage später beginnt Kafka eine neue Niederschrift – in wenigen Wochen entstehen, in einem solchen Zusammenhang, über sechs Kapitel, unterbrochen, im siebten Kapitel, zwischen Mitte November und Anfang Dezember, von der „Verwandlung“. „Der Verschollene“ wird dann nur noch langsam fortgeführt und einen Monat später – bis Herbst 1914 – liegen gelassen. Auch die beiden späteren Versuche in der großen epischen Form, „Der Prozeß“ und „Das Schloß“, blieben Fragment. Kafka konnte stets nur im Zusammenhang, nachts, in vollständiger Abgeschlossenheit, arbeiten – daher das außerordentliche Schwanken der Produktivität. In der Zeit zwischen Februar 1913 und Juli 1914 entsteht nicht eine größere Arbeit, in den Wochen zwischen dem 22. September und dem 6. Dezember 1912, also in 74 Tagen, hingegen entstanden über vierhundert Manuskriptseiten – in der gleichen Zeit schreibt er seiner Braut mehr als sechzig Briefe, oft über zehn Seiten lang; „Das Urteil“, in acht Stunden niedergeschrieben, umfaßt über zwanzig Manuskriptseiten). Auch Kafka hat das Jahr 1912 immer als entscheidenden Wendepunkt angesehen. Ein Jahrzehnt später schreibt er an Milena über „Das Urteil“: ‚In jener Geschichte hängt jeder Satz, jedes Wort, jede – wenn's erlaubt ist – Musik mit der „Angst“ zusammen, damals brach die Wunde zum erstenmal auf in einer langen Nacht.‘ Es ist kennzeichnend, daß Kafka immer wieder von den ‚Gespenstern‘, von der ‚Angst‘ spricht, die sich damals zuerst gezeigt hätten, und von der ‚unschuldigen Unschuld‘ der vorhergehenden Zeit, von einem Niemandsland, einem Schweben, einem Nichts. Im selben Augenblick, in dem dieser Zustand bewußt wird, entsteht die Angst. (Kierkegaard schreibt: Das ist die tiefe

Heimlichkeit der Unschuld: sie ist zugleich Angst. Träumend spiegelt der Geist seine eigene Wirklichkeit hin, aber diese Wirklichkeit ist Nichts.') In den Tagebüchern und Briefen erscheint von nun an immer dieses Wort: Angst. Angst vor dem Einbruch der Außenwelt in die eigene Wirklichkeit, Angst, auch diese innere Freiheit durch die Schuld zu zerstören und Reue gegenüber einem nichtgelebten Leben, Angst vor dem Nichts.

In Kierkegaards „Begriff Angst" heißt es:

„Während die Angst sich fürchtet, unterhält sie eine hinterlistige Verbindung mit ihrem Gegenstande, kann nicht fortsehen von ihm, ja will das nicht, denn wenn das Individuum es will, so wird die Reue eintreten; daß dies den einen oder andern eine schwierige Rede dünken mag, dafür kann ich nichts. Wer die gehörige Unerschütterlichkeit dazu hat, wenn ich so sagen darf, göttlicher Ankläger zu sein, wenn nicht in Beziehung auf sich selbst, wird die Rede nicht schwierig finden. Das Leben bietet überdies Erscheinungen genug dar, bei denen das Individuum in Angst nahezu begehrlich auf die Schuld starrt und gleichwohl sie fürchtet ... Hinsichtlich alles dessen jedoch hat man eben zu warten, bis Individuen erscheinen, welche der äußerlichen Begabung zum Trotz nicht den breiten Weg wählen, sondern den Schmerz und die Not und die Angst ... und derweilen gleichsam verlieren, was zu besitzen nur allzu verführerisch ist. Solch ein Kampf ist unzweifelhaft recht anstrengend, da Augenblicke kommen werden, in denen es ihnen beinahe leid tut, damit angefangen zu haben und sie wehmütig, ja vielleicht unterweilen nahezu bis zur Verzweifelung an das lachende Leben denken, das vor ihnen gelegen hätte."

Eine genaue Beschreibung der Situation Kafkas ist kaum denkbar (Kafka bestätigt das auch in einer Eintragung ins Tagebuch, nach der ersten Lektüre Kierkegaards, im August 1913: „Wie ich es ahnte, ist sein Fall trotz wesentlicher Unterschiede dem meinen sehr ähnlich, zumindest liegt er auf der gleichen Seite der Welt. Er bestätigt mich wie ein Freund"). Noch 1922 heißt es in einem Brief an Max Brod: „Warum hört die Reue nicht auf? Das Schlußwort bleibt immer: Ich könnte leben und lebe nicht." Dieses Schuldgefühl gegenüber einem nichtgelebten Leben wurde im letzten Lebensjahrzehnt Kafkas immer stärker und mit

ihm die Angst vor dem Nichts dieses Lebens, das nur durch das Schreiben gerechtfertigt war.
Man muß hier genau unterscheiden zwischen der Sehnsucht Kafkas nach einem natürlichen Leben und seiner Entschlossenheit, ihr niemals nachzugeben. Es geht nicht an, Kafka als einen Heiligen darzustellen, den nur widrige Umstände daran gehindert hätten, ein liebender Familienvater und geselliger Mensch zu sein.
Alle Versuche Kafkas (sie sind zahlreich genug), dieser Sehnsucht nachzugeben, scheiterten nicht an den Personen und Umständen, sondern an ihm selbst, der ihr Gelingen als Hilfskonstruktion gegenüber einem ausschließlich der Literatur gewidmeten Leben ansah. Es waren Versuche, der Umwelt zu genügen, um nicht – wie schon in den Träumen des Gymnasiasten – die allgemeine Aufmerksamkeit auf sich zu lenken. Das erschütterndste Beispiel dafür (und eine der bedeutendsten Äußerungen Kafkas zur „Lage" des Schriftstellers) ist die Ablehnung einer Einladung seines Freundes Oskar Baum, die Ferien mit ihm gemeinsam zu verbringen. Kafka schreibt darüber (im bereits zitierten Brief vom Juli 1922) an Max Brod:
„Es ist Angst vor der Veränderung, Angst davor, die Aufmerksamkeit der Götter durch eine für meine Verhältnisse große Tat auf mich zu lenken.
Als ich heute in der schlaflosen Nacht alles immer wieder hin- und hergehn ließ zwischen den schmerzenden Schläfen, wurde mir wieder ... bewußt, auf was für einem schwachen oder gar nicht vorhandenen Boden ich lebe, über einem Dunkel, aus dem die dunkle Gewalt nach ihrem Willen herkommt und ohne sich an mein Stottern zu kehren, mein Leben zerstört. Das Schreiben erhält mich, aber ist es nicht richtiger zu sagen, daß es diese Art Leben erhält? Damit meine ich natürlich nicht, daß mein Leben besser ist, wenn ich nicht schreibe. Vielmehr ist es dann viel enden. Aber das freilich nur unter der Bedingung, daß ich, wie es tatsächlich der Fall ist, auch wenn ich nicht schreibe, Schriftsteller bin, und ein nicht schreibender Schriftsteller ist allerdings ein den Irrsinn herausforderndes Unding. Aber wie ist es mit dem Schriftstellerdasein selbst? Das Schreiben ist ein süßer wunderbarer Lohn, aber wofür? In der Nacht war es mir mit der Deutlichkeit kindlichen Anschauungsunterrichts klar, daß es der Lohn für Teufel-

dienst ist. Dieses Hinabgehen zu den dunklen Mächten, diese Entfesselung von Natur aus gebundener Geister, fragwürdige Umarmungen und was alles noch unten vor sich gehen mag, von dem man oben nichts mehr weiß, wenn man im Sonnenlicht Geschichten schreibt. Vielleicht gibt es auch anderes Schreiben, ich kenne nur dieses; in der Nacht ,wenn mich die Angst nicht schlafen läßt, kenne ich nur dieses. Und das Teuflische davon scheint mir sehr klar. Es ist die Eitelkeit und Genußsucht, die immerfort um die eigene oder auch um eine fremde Gestalt – die Bewegung vervielfältigt sich dann, es wird ein Sonnensystem der Eitelkeit – schwirrt und sie genießt. Was der naive Mensch sich manchmal wünscht: „Ich wollte sterben und sehn, wie man mich beweint", das verwirklicht ein solcher Schriftsteller fortwährend, er stirbt (oder er lebt nicht) und beweint sich fortwährend. Daher kommt eine schreckliche Todesangst, die sich nicht als Todesangst äußern muß, sondern auch auftreten kann als Angst vor Veränderung ... Die Gründe für die Todesangst lassen sich in zwei Hauptgruppen teilen. Erstens hat er schreckliche Angst zu sterben, weil er noch nicht gelebt hat. Damit meine ich nicht, daß zum Leben Weib und Kind und Feld und Vieh nötig ist. Nötig zum Leben ist nur, auf Selbstgenuß zu verzichten; einziehn in ein Haus, statt es zu bewundern und zu bekränzen. Dagegen könnte man sagen, daß das Schicksal ist und in niemandes Hand gegeben. Aber warum hat man dann Reue, warum hört die Reue nicht auf? Um sich schöner und schmackhafter zu machen? Auch das. Aber warum bleibt darüber hinaus das Schlußwort in solchen Nächten immer: Ich könnte leben, und ich lebe nicht. Der zweite Hauptgrund – vielleicht ist es auch nur einer, jetzt wollen mir die zwei nicht recht sondern – ist die Überlegung: Was ich gespielt habe, wird wirklich geschehn. Ich habe mich durch das Schreiben nicht losgekauft. ..." (Wagenbach, a.a.O., S. 74 ff.)
Am 1. Juni 1914 verlobte sich Kafka mit Felice Bauer, am 12. Juli löste er die Verlobung. Zwei Monate später begann der 1. Weltkrieg, an dem Kafka wegen seiner schwachen physischen Konstitution nicht teilzunehmen brauchte. 1915 brachte Felices Freundin, Grete Bloch, einen Sohn Kafkas zur Welt, verschwieg jedoch Kafka gegenüber dessen Vaterschaft. Der Junge starb bereits 1922. Im Juli 1917

verlobte sich Kafka ein zweites Mal mit Felice Bauer und entlobte sich wieder im Dezember. Im gleichen Jahr, Anfang August, zeigten sich die ersten Anzeichen einer Lungentuberkulose, was Kafka fast mit Genugtuung aufnahm. Nun konnte er seine Krankheit als Vorwand benutzen, sich von allen Verpflichtungen zu lösen. In einem Brief an Max Brod, der seit seinen Studienjahren sein einziger Vertrauter geblieben war, schreibt er: „Jedenfalls verhalte ich mich heute zu der Tuberkulose wie ein Kind zu den Rockfalten der Mutter, an die es sich hält ... Immerfort suche ich eine Erklärung der Krankheit, denn selbst erjagt habe ich sie mir doch nicht. Manchmal scheint es mir, Gehirn und Lunge hätten sich ohne mein Wissen verständigt. ... Soll ich dafür danken, daß ich nicht heiraten konnte? Ich wäre dann sofort geworden, was ich jetzt allmählich werde: toll. Mit kürzeren und kürzeren Erholungspausen, in denen nicht ich, sondern das Andere Kräfte sammelt." (Wagenbach, a.a.O., S. 108)
In der Zeit von 1917 bis 1918 wurde sein an sich schon gespanntes Verhältnis zu seinem Vater immer schlechter, seine Schwester Ottla unterstützte ihn dabei in seinen Ressentiments. Kafka las in dieser Zeit viel von Kierkegaard, Augustinus, Tolstoi und begann mit dem Studium der hebräischen Sprache. Bei einem seiner Kuraufenthalte lernte er im Winter 1918 in Schelesen Julie Wohryzek kennen, mit der er sich ein halbes Jahr später verlobte. Aber auch diesmal löste er bald wieder – im November 1919 – das Verlöbnis. Noch während seiner Verlobungszeit lernte er Milena Jesenská-Polak kennen, die in Wien lebte und einige seiner Arbeiten ins Tschechische übersetzen wollte. Kafka begeisterte sich in fast schwärmerischer Liebe für diese Frau, brach aber 1920 den regelmäßigen Briefverkehr mit ihr ab und begann wieder zu schreiben. Im Sommer 1923 lernte er Dora Diamant kennen, mit der er in Berlin zusammenlebte, bis er wegen seiner sich immer mehr verschlimmernden Krankheit Berlin verlassen mußte. Am 3. Juni 1924 starb er in Kierling bei Klosterneuburg.

Übersicht der biographischen Daten

1883	Franz Kafka am 3. Juli als Sohn des Kaufmannes Hermann und seiner Frau Julie (geb. (Löwy) in Prag geboren. Schwestern Elli (1889), Valli (1890) und Ottla (1892).
1889–1893	Volksschule am Fleischmarkt.
1893–1901	Altstädter Deutsches Staatsgymnasium.
	Rudolf Illowy, Oskar Pollak. Wohnung der Familie in der Zeltnergasse.
1901–1906	Studium an der Deutschen Universität in Prag. Germanistik (im 2. Semester), dann Jura.
1902	Ferien in Liboch und Triesch (bei Onkel Siegfried, dem Landarzt). Erste Begegnung mit Max Brod.
1904–1905	Beschreibung eines Kampfes. Die ersten regelmäßigen Zusammenkünfte mit Oskar Baum, Max Brod und Felix Weltsch.
1906	Promotion zum Dr. jur. Advokatur, ab Oktober ein Jahr „Rechtspraxis".
1907	Hochzeitsvorbereitungen auf dem Lande. Im Oktober Eintritt in die „Assicurazioni Generali".
1908	Ab Juli „Arbeiter-Unfall-Versicherungs-Anstalt" (bis zur Pensionierung im Juli 1922). Erste Publikation von acht Prosastücken in der Zeitschrift „Hyperion".
1909	Ferien mit Max Brod und Otto Brod in Riva.
1910	Beginn des Tagebuches. Jiddische Schauspielertruppe.

1912 Anfang des Jahres erste Entwürfe zum Verschollenen (Amerika). Juli in Weimar (mit Max Brod), dann in Jungborn. August: Zusammenstellung des ersten Buches Betrachtung, das im Dezember erscheint. Erste Begegnung mit Felice Bauer. September: Das Urteil. September bis Januar 1913: Die ersten sieben Kapitel des Verschollenen. Oktober: Beginn der Korrespondenz mit Felice Bauer. November/Dezember: Die Verwandlung. Dezember: Erste öffentliche Lesung (in Prag, Das Urteil).

1913 Ostern: Erster Besuch bei Felice Bauer in Berlin. Mai: Zweiter Besuch in Berlin; Erscheinen des Heizer. September: Wien, Venedig, Riva.

1914 Ostern in Berlin. Juni: Verlobung mit Felice Bauer. Juli: Entlobung, Reise an die Ostsee. Beginn der Niederschrift des Prozeß. Oktober: In der Strafkolonie. Letztes Kapitel des Verschollenen. Grete Bloch.

1915 Januar: Erstes Wiedersehen mit Felice Bauer. Carl Sternheim gibt den Fontane-Preis an Kafka. November: Erscheinen der Verwandlung.

1916 Juli: Mit Felice Bauer in Marienbad. September: Erscheinen des Urteil. November: Zweite öffentliche Lesung (München, In der Strafkolonie).

1917 Landarzt-Erzählungen. Juli: Zweite Verlobung mit Felice Bauer. September: Konstatierung der Lungentuberkulose; Übersiedlung nach Zürau zur Schwester Ottla. Dezember: Entlobung. – Herbst 1917 bis Frühjahr 1918: Aphorismen.

1918 Ab November in Schelesen. Julie Wohryzek.

1919	Mai: Erscheinen von In der Strafkolonie. Verlobung mit Julie Wohryzek. Im November Brief an den Vater.
1920	Briefwechsel mit Milena Jesenska. Wien, – Entlobung mit Julie Wohryzek, zahlreiche Erzählungen (darunter Poseidon, Nachts, Zur Frage der Gesetze, Der Kreisel).
1922	Januar bis September: Das Schloß. Frühjahr: Ein Hungerkünstler. Sommer: Forschungen eines Hundes.
1923	Dora Diamant. – Ab September in Berlin. Oktober: Eine kleine Frau. Im Winter: Der Bau.
1924	Berlin. Im März in Prag, Josefine, die Sängerin, Anfang April Abreise von Prag. Mit Dora Diamant im Sanatorium in Kierling, wo Kafka am 3. Juni stirbt. Am 11. Juni Begräbnis in Prag. Im Sommer erscheint die Sammlung von vier Erzählungen: Ein Hungerkünstler.

(Vergl. hierzu: Wagenbach, a.a.O., S. 141 f.)

2. Einführung in Kafkas Weltanschauung

Es ist schwierig, in Kafkas Welt einzudringen. Seine Werke sind vieldeutig und lassen daher die verschiedensten Interpretationen zu, manche seiner Texte sind sogar kaum deutbar, da uns der persönliche Bezug fehlt. Andererseits besteht aber gerade darin der poetische Reiz, daß seine „sprachliche Zeichenkombination mehrere Dekodierungen gestattet oder sogar fordert, damit der Leser am Ende des aufnehmenden Reproduktionsprozesses immer neue Varianten entdeckt. Mit seinem Erkennen folgt er schließlich der Vieldeutigkeit der Texte, indem er sich selbst in den Prozeß eingliedert, den die Literatur in Gang bringen sollte: ‚den Prozeß der weiterdichtenden, ins Offene hinausführenden Deutungsversuche'." (Karl-Heinz Fingerhut, Zugang zu Erzählungen Kafkas über das Märchen, in: Blätter für den Deutschlehrer, H. 3, 1971, S. 65) In vielen seiner Dichtungen begegnet uns zunächst eine vertraute Umgebung bzw. eine Alltagssituation. So beginnt z. B. die Erzählung „Das Urteil":

> „Es war an einem Sonntagvormittag im schönsten Frühjahr. Georg Bendemann, ein junger Kaufmann, saß in seinem Privatzimmer im ersten Stock eines der niedrigen, leichtgebauten Häuser, die entlang des Flusses in einer langen Reihe, fast nur in der Höhe und Färbung unterschieden, sich hinzogen. Er hatte gerade einen Brief an einen sich im Ausland befindlichen Jugendfreund beendet, verschloß ihn in spielerischer Langsamkeit und sah dann, den Ellbogen auf den Schreibtisch gestützt, aus dem Fenster auf den Fluß, die Brücke und die Anhöhen am anderen Ufer mit ihrem schwachen Grün."

Dadurch, daß der Text unversehens zu einer Parabel wird, wird der reale Raum erweitert. Eine Reihe von Gestalten treten hinzu, Tiere, die sprechen können, Menschen, die sonst kaum beachtet werden, „wie Portiers, kleine Beamte, Boten, Strolche; das gleiche gilt von verschiedenen Milieus, denen im Tagleben wenig Beachtung geschenkt wird, wie Dachböden, Kellerräume, Beamtenvorzimmer; Zusammenhänge dagegen, auf die im Wachen allgemein großes Gewicht gelegt wird, werden vollkommen vernachlässigt ... Das anschauliche Detail in der Romanwelt Franz Kafkas ist ein anderes als das unseres wachen Lebens, trotzdem erscheint es unter der Lupe klar gezeichnet, eine unbekannte, aber wahre Welt. Die psychologische Motivierung ist oft unerwartet; überrascht erkennt man das Ganze trotzdem als alte, nur nicht ganz bewußt gewesene Realität. So bildet Kafkas Welt eine charakteristische Mischung von Realität und Irrealität." (Felix Weltsch, Religion und Humor im Leben und Werk Kafkas, Berlin 1957, S. 40) Der Schauplatz der Handlung bleibt dabei begrenzt und überschaubar, oft spielt sich das Geschehen nur in einem Zimmer ab. Dennoch erscheint uns der Handlungsort von Anfang an fremd und gespenstisch. Trotz der Realität ist der Schauplatz weit von aller Empirie entfernt. Der Einbruch der nicht faßbaren Irrealität läßt die Welt verzerrt erscheinen. Auf Schritt und Tritt geschehn rätselhafte Dinge, die erschrecken, weil sie rational nicht erklärbar bzw. deutbar sind. Kafkas Welt ist, so ist man versucht zu sagen, die eines grausigen Märchens. Kafka selber war ein „intensiver Märchenleser, der einem Freund gegenüber äußerte, (seine) Erzählungen kämen ‚aus der Tiefe des Blutes und der Angst', und damit andeutete, daß ihn besonders die Verbindung von Märchenwelt und Wirklichkeit beschäftigte. Denn als Seins-Sollens-Dichtung erfüllt das Märchen ein elementares Bedürfnis, nämlich das nach dem zeitweiligen Aussteigen aus den mit Angst erfahrenen Gesetzen der ‚normalen' Alltagswelt. Kafka selbst sagt in einer Notiz: ‚Wenn man ein Märchen erzählt, dann wissen alle, daß man sich fremden Mächten anvertraut und die heutigen Gerichte ausgeschaltet hat'." (Karl-Heinz Fingerhut, a.a.O., S. 66/67) So sind denn in den Texten Kafkas eine ganze Reihe von Strukturparallelen zum Märchen feststellbar, „die schon Walter Benjamin veranlaßten, Kafkas Erzählungen als ‚Märchen für Dialektiker' zu bezeichnen (Walter Benjamin, Franz Kafka, in: Benjamin, Schriften II, Frankfurt 1955, S. 203): Sowohl das Märchen als auch Kafkas Erzählungen sind auf der Grenzscheide zwischen Wirklichkeit und Unwirklichkeit angesiedelt. Max Lüthis Kategorie der ‚Eindimensionalität' (die Menschen des Märchens verkehren mit den Jenseitigen, als ob die ihresgleichen wären) trifft ohne weiteres auf Kafkas Erzählungen zu. Dasselbe gilt von den Kategorien der ‚Flächenhaftigkeit' (dem Fehlen eines Bezuges zur Zeit oder zu einer charakteristischen Entwicklung im engeren Sinn) und der des ‚abstrakten Stils' (Formelhaftigkeit, das bloße Benennen, die Einsinnigkeit der Handlung, extreme Kontrastierungen) oder dem der ‚Isolation' (Trennung des Helden von den übrigen Figuren, Abkapselung einzelner Episoden)." (Karl-Heinz Fingerhut, a.a.O., S. 67; vergl. dazu auch Max Lüthi, Das europäische Volksmärchen, Form und Wesen, Bern-München 1960[2] und derslb., Es war einmal, Göttingen o. J., S. 103 ff.) Stellt man die Stilmittel des Märchens und die Kafkas einander gegenüber, so ergibt sich folgendes Bild:

Märchen	**Kafka**
Eindimensionalität, das Magische ist keine andere Dimension	Eindimensionalität. Das Magische erscheint dennoch als andere Dimension, indem es die Wirklichkeit verfremdet und so das Gefühl der Angst aufkommen läßt
Flächenhaftigkeit	Flächenhaftigkeit
(Märchengestalten sind Figuren ohne Körperlichkeit, ohne Innenwelt, ohne Umwelt)	(Kafkas Gestalten sind meist Figuren ohne Körperlichkeit)
Abstrakter Stil	Abstrakter Stil
(Technik der bloßen Benennung ergibt scharfe Kontur, reine Farben, klare Handlungslinie, dazu feste Formeln, Sprüche, formelhafte Anfänge und Schlüsse)	(Technik der bloßen Benennung ergibt scharfe Kontur, reine Farben, meist durchschaubare Handlungslinie, Nähe zur epischen Spruchdichtung)

Isolation und Allverbundenheit	Isolation, aber keine Allverbundenheit
(Märchenfiguren sind isoliert, sie lernen nichts, machen keine Erfahrungen; trotzdem fügen sie sich, unsichtbar gelenkt, zu harmonischem Zusammenspiel: sichtbare Isolation, unsichtbare Allverbundenheit)	Isolation aufgrund der fehlenden Kommunikation mit der Umwelt, oft: nihilistisches Weltbild
Entwirklichung und Welthaftigkeit	Entwirklichung durch Verfremdung
(Motive sind ohne Wirklichkeitsnähe, z. B. keine numinose Angst)	Motive besitzen Wirklichkeitsnähe, Durchbruch der Weltangst durch Einbruch der Irrealität

(Merkmale des Märchens zitiert nach: Ivo Braak, Poetik in Stichworten, Kiel 1969^{3}, S. 171)

Durch die Art des Einbruchs der Irrealität in die Realität wird dieser Einbruch häufig zur Grotesken. Der Un-Sinn und Wider-Sinn der Realität wird offengelegt, und Kafka zwingt uns so – gewissermaßen auf dem Umweg über die tragische Ironie – ein Lachen ab, obwohl uns und ihm zum Weinen ist. Weltsch (a.a.O., S. 92 ff.) spricht in diesem Zusammenhang von Kafkas „Weltanschauung des Humors". „Der Humor übertreibt, er hebt die Gegensätze heraus, schärft sie, treibt sie gegeneinander, läßt sie aufeinanderplatzen, bringt sie zur Explosion – aber die Absicht ist, hinter die Gegenstände zu schauen, die Entstehungsgeschichte der Gegensätze sichtbar zu machen. Es kommt somit darauf an, die Verknotung der Sinnlinien zu durchschauen und lächelnd die Verwirrung so zu entwirren. Und jetzt muß sehr deutlich festgestellt werden: der Humor deckt den Unsinn auf, aber er schafft noch keinen neuen Sinn. Er bringt die Aufklärung des Unsinns – in diesem Sinne könnte man fast sagen: den Sinn des Unsinns, gleichsam einen negativen Sinn –, aber er bringt keinen neuen positiven Sinn. Er zeigt nur, daß die vorgegebene Einheit in Wirklichkeit keine Einheit war, und er zeigt, wie es zu dieser scheinbaren Einheit gekommen ist, doch damit ist eine neue Einheit noch nicht gegeben." (Felix Weltsch, a.a.O., S. 92) So begegnet man bei Kafka stets rätselhaften Ereignissen, die märchenhaft erscheinen und uns doch nicht gefallen wollen und erschrecken, indem sie uns zum Lachen bringen.

Die handelnden Personen befinden sich dauernd im Grenzraum von Realität und Irrealität, Wirklichkeit und Illusion, so daß sie weder allegorisch noch symbolisch sind. Kafkas Dichtung „besitzt vielmehr einen Gleichnischarakter, für den die seitherige Ästhetik und Poetik noch keinen Namen bereitgestellt hat, weil eine derartige Gleichniswelt noch nicht in Erscheinung getreten ist. Kafkas Gleichnis- und Bilderwelt leitet eine neue Epoche der Dichtung ein. Ihre Struktur enthüllt sich erst im Wechselbezug zwischen den einzelnen Bildern und der universellen Intention". (Wilhelm Emrich, Franz Kafka, Frankfurt 1958) Kafka meint nicht unbedingt das, was er sagt, Dictum (Text) und Dictandum (das, was der Text meint, aber nicht ausspricht) sind oft verschieden. „In einer realistischen Gegenstandsbeschreibung fallen Dictum und Dictandum weitgehend zusammen, denn das, was im Text steht, ist zugleich das, das der Dichter mitteilen wollte. Die sprachliche Realität deckt sich mit der nichtsprachlichen. In einer Allegorie oder einem Gleichnis treten Dictum und Dictandum in schärfster Form auseinander. Der Dichter sagt das eine und meint ein anderes. Bei einem Symbol meint er zugleich das, was er sagt und ein zweites, das er nicht sagt, das im Gesagten aber doch unmittelbar anwesend ist." (Karl-Heinz Fingerhut, Einführung in den Umgang mit Kafkas Prosa . . ., in: Blätter f. d. Deutschlehrer, H. 2, Juni 1971, S. 34) Bei Kafka tritt noch hinzu, daß der Leser die Valenzen des Dictums dekodieren muß, d. h. daß das Dictandum des Textes abhängig ist von den durch den Leser eingebrachten Dekodierungsweisen.

Kafka ist ein Suchender, dem es – die Sprache als Werkzeug benutzend – um Wahrheitsfindung geht. Er sagte einmal: „Unsere Kunst ist ein von der Wahrheit Geblendetsein: das Licht auf dem zurückweichenden Fratzengesicht

ist wahr, sonst nichts.“ Das Fratzengesicht ist die Realität, das Licht ist das Wort, das im Herder'schen Sinne zugleich Gefäß und Inhalt des Geistes ist.
Kafkas Werk gewinnt somit erst seine Gestalt aus seinem Anliegen um eine Seins- bzw. Lebensdeutung. Der Zugang zu einem Deutungsversuch, zu einem Versuch der Herstellung eines semantischen Bezugs zwischen Wort und Ding wird erschwert durch die unpathetische, sachliche Sprache Kafkas, die oft im Widerspruch zu stehen scheint zum dargelegten Sachverhalt.

„Ja, die Egge“, sagte der Offizier, „der Name paßt. Die Nadeln sind eggenartig angeordnet, auch wird das Ganze wie eine Egge geführt, wenn auch bloß auf einem Platz und viel kunstgemäßer. Sie werden es übrigens gleich verstehen. Hier auf das Bett wird der Verurteilte gelegt. – Ich will nämlich den Apparat zuerst beschreiben und dann erst die Prozedur selbst ausführen lassen. Sie werden ihr dann besser folgen können. Auch ist ein Zahnrad im Zeichner zu stark abgeschliffen; es kreischt sehr, wenn es im Gang ist; man kann sich dann kaum verständigen; Ersatzteile sind hier leider zu schwer zu beschaffen. – Also hier ist das Bett, wie ich sagte. Es ist ganz und gar mit einer Watteschicht bedeckt; den Zweck dessen werden Sie noch erfahren. Auf diese Watte wird der Verurteilte bäuchlings gelegt, natürlich nackt; hier sind für die Hände, hier für die Füße, hier für den Hals Riemen, um ihn festzuschnallen. Hier am Kopfende des Bettes, wo der Mann, wie ich gesagt habe, zuerst mit dem Gesicht aufliegt, ist dieser kleine Filzstumpf, der leicht so reguliert werden kann, daß er dem Mann gerade in den Mund dringt. Er hat den Zweck, am Schreien und am Zerbeißen der Zunge zu hindern. Natürlich muß der Mann den Filz aufnehmen, da ihm sonst durch den Halsriemen das Genick gebrochen wird.“
(Zit. nach: „In der Strafkolonie“, Fischer-Taschenbuch Nr. 19, S. 147 f.)

Der Leser wird durch die Sprache gezwungen, sich ähnlich wie im Märchen – mit dem Helden zu identifizieren, zugleich wird er aber auch mitten in eine Handlung gestellt, so daß ihm weder Zeit für Erstaunen noch für Empörung bleibt. Er erlebt die Abhängigkeit des Helden von einer Freiheit, die nicht die seine und doch die Bedingung seines Seins ist. Insofern sind die Helden Kafkas wie die drama-

tischen Gestalten Sartres Sklaven und ständig in Gefahr. Diese Gefahr ist keine zufällige, sondern eine beständige Struktur, bedingt durch die Abhängigkeit von einem „Anderen“, einem „Es“. Sartre nennt diese Tatsache des Festgelegtseins Faktizität. Ihr Komplementärbegriff ist die Transzendenz, die Möglichkeit, Möglichkeiten zu wählen und zu verwirklichen. Diese Möglichkeit fehlt den Menschen Kafkas. Ihnen ist die Transzendenz geraubt worden und nur die Faktizität geblieben.
Durch das Vermögen der Transzendenz ist der einzelne nicht ein für allemal auf eine bestimmte Sein-Form festgelegt. Dies Vermögen aber ist den Menschen Kafkas genommen durch ein unbestimmbares „Es“, Sartre nennt es „das Andere“. Auch Kafka spricht einmal von diesem „Anderen“ (vergl. S. 13) Dieses „Andere“ legt den einzelnen auf bestimmte Möglichkeiten des Seins fest und gestattet keine anderen Möglichkeiten. Der einzelne wird durch dieses „Andere“ gewissermaßen zu einem Ding unter Dingen, er wird aus seiner Welt gestoßen und in eine fremde Welt eingeordnet, ohne über diese Einordnung mitbestimmen zu können. Das „Andere“ identifiziert sich somit mit dem Dasein zu einer anonymen, erdrückenden Macht. Es gleicht Wänden, die sich immer enger auf den einzelnen zuschieben, bis sie ihn in einen Winkel gedrückt haben, wo er sich festrennt. Der einzelne weiß sich in dieser Falle, aus der er sich aber nicht zu befreien vermag. Anstatt sich bewußt in dieser Lage zu erleben und sie willentlich als gegebene Tatsache hinzunehmen – etwa im Sinne von Schillers moralischer Kultur –, resigniert Kafkas Held. Kafkas Menschen leben in ihrer Welt somit als Fremdlinge, die sich gerade deshalb auch nie zurecht finden können. Wohin sie auch kommen, nirgends finden sie einen ihnen Zugehörigen, sie sind selber nur Ausgestoßene. Aber: von wem sind sie ausgestoßen? Wo und warum sind sie ausgestoßen worden? Das unaufhörliche vergebliche Bemühen, sich einzugliedern – das wegen des Verlustes der Transzendenz stets erfolglos bleiben muß –, bringt die quälende Unruhe in Kafkas Werk, zugleich die Hast, die manisch-ständige Bewegung, die in Wahrheit ein auf-der-Stelle-Treten ist.
Dabei kann man nicht sagen, daß Kafka „große Dinge“ schildere. Seine Helden sind – wie schon gesagt – Klein-

bürger, Allerweltsmenschen, eigentlich negative Persönlichkeiten, von denen man manchmal den Eindruck hat, daß ihnen ein gewisser Fatalismus eigen ist. Ihre Tragik ist, an eine Welt gebunden zu sein, der sie nicht angehören, von der sie nicht einmal angenommen werden. Fichtes Philosophie vom Ich und Nicht-Ich wird hier auf eine absonderliche Weise verdreht. Statt zu versuchen, das persönliche Ich unter Verdrängung alles Fremden zu entwickeln, versuchen Kafkas Helden beständig und hartnäckig, sich dem Nicht-Ich des „Andern" einzuordnen, ja, in ihm aufzugehen.

Während bei Fichte das Ich beim Bemühen um die Entfaltung seiner Persönlichkeit im Kampf mit dem Nicht-Ich steht, ist es bei Kafka umgekehrt. Sowohl Umwelt wie Schicksal sind bestrebt, als Nicht-Ich das sich entfalten wollende Ich des einzelnen zu vernichten, zumindest auszuschalten. Diese Paradoxie einer Existenz, der zu handeln auferlegt ist, obwohl ihr die Entscheidungsfreiheit genommen ist, macht das Wesen des Kafka'schen Menschen aus. Hier ist auch kein Raum mehr für die Lösung des „als ob", d. h. so zu tun, als ob der einzelne frei sei, zu handeln, als ob der einzelne hätte wählen können. Dennoch stellen wir bei Kafkas Menschen das krankhafte Streben fest, sich der Welt anzuschließen. Ist es Unwissenheit oder Selbstbetrug, was den Helden annehmen läßt, in einer Art unio mystica mit dem „Anderen" durch Aufgabe seiner Persönlichkeit eben diese Persönlichkeit wiederzugewinnen? Hier wird die religiöse Seite Kafkas angeschlagen; eine Parallele dazu findet sich im „Stundenbuch" Rilkes. Dieses – nennen wir es einmal mystische – Suchen nach einer Heimat treibt den Kafka'schen Helden von einer Situation zur andern, nichts entfaltet sich organisch oder mit psychologischer Folgerichtigkeit, sondern es gibt immer neue Überraschungen.

In den herkömmlichen Bildungsromanen (z. B. „Parzival", „Wilhelm Meister", „Der grüne Heinrich") ent-wickelt sich der Held von Stufe zu Stufe, er ent-faltet sich von einem transzendenten Mittelpunkt aus. Bei Kafka ver-wickelt sich der Held, er wird zer-faltet, denn der Akteur der Handlung ist nicht der Handelnde, sondern das „Andere". So kann denn auch nichts, was der Held als Individuum tut, folgerichtig sein, da er ja gar kein Individuum ist, sondern –

wie Günther Anders sagt (Günther Anders, „Pro und contra", München 1963², S. 25) – ein „Dividuum", d. h. ein von der Welt Abgeschnittener ist, „wodurch die Welt das Individuum, das sich doch auf sie einzulassen versucht, das ganze Leben hindurch ‚schneidet'." Nichts kann daher ‚subjektiv' folgerichtig sein, und so bleibt denn auch der Tod des jeweiligen Helden ohne scheinbare Notwendigkeit.
Bei dem Versuch, eine Antwort auf die Frage zu finden, warum sich Kafkas Helden so und nicht anders verhalten, bieten sich drei Lösungen an:

1. Kafkas Welt ist ganz geprägt vom Manichäismus mit seinem Dualismus und Abscheu gegen alles Geschlechtliche. Sie ist durchglüht vom Feuer des Bösen. In ihr sind die Frauen Mittlerinnen zur Welt des Unheils und nicht – wie etwa bei Goethe – Erlöserinnen.

2. Die zweite Lösungsmöglichkeit sieht in Kafkas Werk den Ausdruck menschlichen Suchens in einer undeutbaren Welt. In ihm ist eine Art messianische Hoffnung spürbar, die noch in der Umklammerung durch die Verdammnis lebendig erscheint. Seine Dichtung ist letztlich eine Theodizee, ein Dokument der glaubenden Hoffnung, die, sich von Gott erproben lassend, die Enthüllung des Sinns der Welt geduldig erwartet. (vergl. hierzu Art. Theodizee, in: Karl Rahner/Herbert Vorgrimler, Kleines Theologisches Wörterbuch, Freiburg 1968⁷, S. 351)

3. Die dritte Deutung stammt von Schoeps, der Kafka im Zusammenhang mit der jüdischen Überlieferung sieht. (vergl. hierzu Hans Joachim Schoeps, Gestalten an der Zeitwende, Berlin 1936, IV, 77, S. 54–77; ders. Die geistige Gestalt Kafkas, in: Die christliche Welt 43, 1929, 16/17, S. 761–771; ders., Das verlorene Gesetz. Zur religiösen Existenz F. K.s, in: Der Morgen, 10, 1934, 2, S. 71–75; ders., Theologische Motive in der Dichtung F. K.s, in: Die Neue Rundschau 62, 1951, 1, S. 21–37) Nach Schoeps ist Kafka der Theologe des Abgefallenseins, der Heillosigkeit einer Welt, in der verzweifelt nach einem Heil gesucht wird. Er glaubt, daß sich in Kafkas Schrifttum die religiöse Situation des Judentums

spiegele, und er vergleicht die Situation des Dichters mit der Jobs. Auch die Freunde Jobs suchten – wie die Interpreten Kafkas – einen Zusammenhang zwischen Sünde und Strafe, den sie nicht finden konnten. Ähnlich wie bei der zweiten Lösungsmöglichkeit kann auch hier auf die Frage, warum der Mensch in dieser zerrissenen, unerklärlichen Welt lebe, nur die Antwort gegeben werden: Der Mensch lebt auf die Hoffnung hin.

3. Einzelinterpretationen

3.1 Das Urteil

Inhaltsangabe

An einem Sonntagvormittag sitzt der junge Kaufmann Georg Bendemann in seinem Zimmer. Er hat einen Brief an seinen in Rußland wohnenden Freund geschrieben. Er denkt daran, wie dieser vor Jahren überstürzt abgereist ist. In Petersburg hat er sich niedergelassen. Georg überlegt, ob er ihm hätte raten sollen, zurückzukehren. Was wäre aber dann mit ihm hier geschehen? Da er seinen Freund nicht hat beunruhigen wollen, hat er bisher stets vermieden, ihm konkrete Mitteilungen zu machen. Der Freund selber hat sich auch stets zurückhaltend gezeigt und nie detaillierte Einzelheiten geschildert. Zuletzt ist er vor drei Jahren in der Heimat gewesen. Seit dieser Zeit hat sich für Georg vieles geändert: Seine Mutter ist vor zwei Jahren gestorben, und er hat seinen Vater bei sich aufgenommen. Georg hat das Geschäft zu großer Blüte gebracht und das Personal verdoppeln müssen. Sein Freund weiß, abgesehen vom Tode der Mutter, von diesen Dingen nichts. Georg vermeidet es, ihm zu viele persönliche Dinge zu schreiben, doch hat er ihm seine Verlobung mitgeteilt. Georgs Braut, Frieda Brandfelder, stammt aus einer wohlhabenden Familie und ist nicht ganz mit der Haltung ihres Bräutigams zu dessen Freund einverstanden. In dem Brief, den er gerade geschrieben hat, erzählt Georg deshalb etwas ausführlicher über seine Verlobung und stellt seinem Freund eine künftige Bekanntschaft mit seiner Braut in Aussicht.
Georg geht in das Zimmer seines Vaters, das trotz des sonnigen Vormittags dunkel ist. Der Vater ist in die Lektüre der Zeitung vertieft, steht aber auf, als sein Sohn eintritt. Georg teilt seinem Vater mit, daß er seinem Freund in Petersburg seine Verlobung mitgeteilt habe. Der Vater scheint sich zu wundern. Etwas überraschend macht er Georg Vorhaltungen, daß dieser nach Petersburg geschrieben habe. Er bezweifelt die Existenz des Freundes. Georg

rechtfertigt sich und macht seinerseits dem Vater Vorhaltungen der Art, daß er sich vernachlässige. Er wünscht, daß sich sein Vater mehr pflege und sich wieder zu Bett lege. Dieser erklärt aber, Georg habe gar keinen Freund in Rußland. Georg interpretiert diese Aussage als Abneigung des Vaters gegen seinen Freund; als dieser ihn zweimal besuchte, habe er ihn deshalb vor seinem Vater verleugnen müssen. Insgeheim macht er sich Vorwürfe, daß er die Schuld daran trage, wenn sein Vater sich so sehr vernachlässige, insbesondere scheint er seinen Vorsatz zu bedauern, den Vater nach der Heirat allein zu lassen. Er beschließt, dies nicht zu tun, sondern ihn in seinen Haushalt mit aufzunehmen. Er trägt den Vater, der sich wieder aufgerichtet hat, ins Bett und deckt ihn zu. Dieser wirft die Decke zurück und stellt sich aufrecht im Bett auf. Plötzlich erklärt er, den Freund wohl zu kennen und wirft Georg vor, dieser habe ihn bisher bewußt verleugnet. Er behauptet, Georgs Benehmen sowohl ihm wie seinem Freund gegenüber sei durch Eigennutz bestimmt, und ebenso habe er sich auch nur verlobt, um seine Triebe zu befriedigen. Er gesteht, seinem Sohn gegenüber Komödie gespielt zu haben. Er habe sich verstellt, um die Sache des Freundes umso besser vertreten zu können und habe den Freund stets über alles informiert. Darum komme er auch nicht mehr, weil er besser als Georg über die Familie informiert sei. Zum Schluß der Vorhaltungen verurteilt er seinen Sohn, zu ertrinken.
Georg eilt zur Brücke und stürzt sich hinab. Im Fallen erklärt er, seine Eltern geliebt zu haben.

Inhaltlicher Aufbau

Inhaltlich gliedert sich die Erzählung in folgende Punkte:

1. Der junge Kaufmann Georg Bendemann hat einen Brief an seinen Freund vollendet.
2. Er überlegt, wie er seinem Freund, der in Rußland lebt, helfen könnte.
3. Georg ist es in den letzten Jahren gelungen, das elterliche Geschäft zu erweitern.
4. Er möchte seinen Freund zunächst uninformiert lassen über das, was in der Heimatstadt geschieht.

5. Seiner Braut gegenüber erklärt er, daß er seinen Freund „nicht stören" möge.
6. Er teilt seinem Freund seine Verlobung mit.
7. Er geht zu seinem Vater, um diesem zu erzählen, daß er seinem Freund geschrieben habe.
8. Sein Vater bezweifelt, daß Georg ihm die Wahrheit sage.
9. Zwischen Georg und seinem Vater entsteht eine Diskussion, während der dieser bestreitet, daß sein Sohn einen Freund in Petersburg habe.
10. Georg versucht, den erregten Vater zu beruhigen.
11. Dieser fährt in seinen Vorwürfen fort und erklärt, Georg habe sowohl ihn als auch seinen Freund betrogen.
12. Georg begeht Selbstmord.

Mit dieser Gliederung ist die **äußere** Handlung erfaßt. Die eigentliche **innere** Handlung vollzieht sich in Georg.

Die Haupthandelnden

Der Vater

Georgs Vater, ein Kriegsteilnehmer des 1. Weltkrieges (S. 18; zitiert nach Franz Kafka, Das Urteil und andere Erzählungen, Fischer-Taschenbuch Nr. 19), ist von großer Gestalt (S. 11 „Mein Vater ist noch immer ein Riese"). Doch wirkt er vernachlässigt mit seinem struppigen weißen Haar (S. 19), seinem müden Gesicht (S. 14) und seinem zahnlosen Mund (S. 13). Er ist anscheinend krank, denn er ißt kaum etwas (S. 11 „... auf dem Tisch standen die Reste des Frühstücks, von dem nicht viel verzehrt zu sein schien"). Infolge seiner schlechten Gesundheit scheint er eigensinnig zu sein (S. 11, 12 „Hier ist es ja unerträglich dunkel", sagte er dann. „Ja, dunkel ist es schon", antwortete der Vater. „Das Fenster hast du auch geschlossen?" „Ich habe es lieber so".) Es läßt sich nicht genau feststellen, ob er wirklich krank und schwach ist oder ob er dies nur simuliert. Georg gegenüber gibt er sich kindisch. Er läßt sich ausziehen (S. 15), spielt an der Uhrkette (S. 16) und fragt, ob er gut zugedeckt sei (S. 16). Sehr schnell schlägt sein kindisches Benehmen in Eigensinn, ja sogar Hinterlist um. So sagt er (S. 13):

„. . . Im Geschäft entgeht mir manches, es wird mir vielleicht verborgen – ich will jetzt nicht die Annahme machen, daß es mir verborgen wird –, ich bin nicht mehr kräftig genug, mein Gedächtnis läßt nach, ich habe nicht mehr den Blick für all die vielen Sachen. Das ist erstens der Ablauf der Natur und zweitens hat mich der Tod unseres Mütterchens viel mehr niedergeschlagen als dich."

Demgegenüber erklärt er kurze Zeit später (S. 19):

„Ja, freilich habe ich Komödie gespielt! Komödie! Gutes Wort! Welcher andere Trost blieb dem verwitweten Vater? Sag – . . ., was blieb mir übrig in meinem Hinterzimmer, verfolgt vom untreuen Personal, alt bis in die Knochen?" . . .
„Ich bin noch immer der viel Stärkere. Allein hätte ich vielleicht zurückweichen müssen, aber so hat mir die Mutter ihre Kraft abgegeben, mit deinem Freund habe ich mich heimlich verbunden, deine Kundschaft habe ich hier in der Tasche!"

Ein solcher Vater muß seinem Sohn als verzerrtes Vaterbild, als komödiantisches Schreckbild erscheinen. Zugleich sieht Georg im Vater, da dieser ins Irrationale verschoben erscheint, das Bild eines Richters, das ihn hart anfährt (S. 19 „Bleib, wo du bist, ich brauche dich nicht"; S. 21 „Ein unschuldiges Kind warst du ja eigentlich, aber noch eigentlicher warst du ein teuflischer Mensch! Und darum wisse: ich verurteile dich jetzt zum Tode des Ertrinkens!").

Georg

Georg ist ein ehrgeiziger junger Kaufmann, der geschäftliche Erfolge hat, die er zum Teil auch Glücksfällen zuschreibt (S. 8). Er ist mit Frl. Brandenfeld, einem Mädchen aus einer wohlhabenden Familie verlobt (S. 9). Obwohl er abends mit seiner Braut oder seinen ortsansässigen Freunden häufig zusammen ist, erscheint er egozentrisch. Sein Verhältnis zu seinem Vater ist kühl. Zwar ißt er zusammen mit ihm im gleichen Restaurant zu Mittag und sitzt ab und zu des Abends, Zeitung lesend, mit ihm im Wohnzimmer, doch hat er das Zimmer seines Vaters, obwohl es nur überm Flur liegt, seit Monaten nicht mehr besucht. Er ist am liebsten für sich allein, und er hat es nicht gern, wenn andere zu viel über ihn wissen. Aus diesem Grunde vernachlässigt er auch die Korrespondenz mit seinem in Rußland lebenden Freund, damit dieser nicht zuviel erfährt (S. 8 „Georg aber hatte keine Lust gehabt, dem Freund von seinen geschäftlichen Erfolgen zu schreiben ..." „So beschränkte sich Georg darauf, dem Freund immer nur über bedeutungslose Vorfälle zu schreiben ..."). Er gibt sich bewußt distinguiert und spricht auch von seiner Braut als von **einem** Fräulein Frieda Brandenfeld. Man kann sich des Eindrucks nicht erwehren, daß er von sich und seinen Erfolgen recht überzeugt ist. Die Tatsache, daß z. B. sein in Rußland lebender Freund mit seiner Art, sich zu geben, nicht einverstanden sein könne, läßt er nicht gelten (S. 9 „So bin ich und so hat er mich hinzunehmen, ..."). Er hat kein Gespür dafür, daß sein Freund, seine Braut und letztlich sein Vater sein manchmal abweisendes Wesen als unehrlich empfinden könnten, sondern interpretiert den jeweiligen Sachverhalt in einer Art Wunschdenken, wie es ihm gerade paßt. So erklärt er z. B. seinen sporadischen Briefverkehr mit dem Petersburger Freund dem Vater gegenüber als Rücksichtnahme auf diesen Freund (S. 12), und seiner Braut sagt er, er wolle ihn nicht stören (S. 9). Die bohrenden Fragen seines Vaters, ob er denn überhaupt einen Freund in Petersburg habe, machen ihn indes verlegen (S. 13). Nun versucht er, seinem Vater zu schmeicheln (S. 14 „Tausend Freunde ersetzen mir nicht meinen Vater."), obwohl er andererseits beschlossen hat, diesen nach der Heirat allein zu lassen (S. 16 „Er hatte mit seiner Braut darüber, wie sie die Zukunft des Vaters einrichten wollten, noch nicht ausdrücklich gesprochen, denn sie hatten stillschweigend vorausgesetzt, daß der Vater allein in der alten Wohnung bleiben würde."). Im Gespräch mit dem Vater wird ihm sein unehrliches Verhalten bewußt (S. 16 „Doch jetzt entschloß er sich kurz mit aller Bestimmtheit, den Vater in seinen künftigen Haushalt mitzunehmen. Es schien fast, wenn man genauer zusah, daß die Pflege, die dort dem Vater bereitet werden sollte, zu spät kommen würde." S. 17 „Der Petersburger Freund, den der Vater plötzlich so gut kannte, ergriff ihn wie noch nie. Verloren im weiten Rußland sah er ihn. An der Türe des leeren, ausgeraubten Geschäftes sah er ihn. Zwischen den Trümmern der Regale, den zerfetzten Waren, den fallenden Gasarmen stand er gerade noch. Warum hatte er so weit wegfahren müssen!"). Die Erfahrung des fratzenhaften Zerrbildes seines Vaters bewirkt in ihm eine Katharsis, eine Läuterung, die sich in dem Satz äußert, daß er seine Eltern stets geliebt habe (S. 22). Zugleich wird ihm seine Ausweglosigkeit bewußt. Die Liebe zur Braut ist bedeutungslos, da sie letztlich unehrlich ist. So scheint auch das Urteil des Vaters über den lebenden Sohn nicht ganz ungerecht, wenn er (S. 21) sagt: „Ein unschuldiges Kind warst du ja eigentlich, aber noch eigentlicher warst du ein teuflischer Mensch!"

Der Freund

Über Georgs Freund, der persönlich nie in Erscheinung tritt, erfahren wir relativ viel. Er ist kränklich, besitzt eine gelbe Hautfarbe und trägt einen Vollbart nach der derzeitigen russischen Mode. Er ist wie Georg etwas verschlossen und kapselt sich seinen Landsleuten gegenüber ab. Nach Georgs Meinung hat er sich – „wie ein altes Kind" (S. 6) – in eine Situation verrannt, die ihm selber nicht recht zuzusagen scheint. Als Einzelgänger hält er offenbar auch nicht viel von Frauen (S. 5/6). Im Gegensatz zu Georg kann er keine geschäftlichen Erfolge nachweisen (S. 6) und ist aufgrund dieser Frustrationen sehr empfindlich geworden. Er scheint sich vor dem in Deutschland gebliebenen Freund zu schämen und lehnt dessen Einladungen mit der Begründung ab, daß die politischen und wirtschaftlichen Verhältnisse in Rußland eine Auslandsreise nicht zuließen. Sein Ton Georg gegenüber ist reserviert kühl, auf die Todesnachricht von Georgs Mutter reagiert er „trocken" (S. 6). Dennoch versucht er, Georg zur Auswanderung nach Rußland zu überreden.
Nach Georgs Meinung hat sein Vater sich seinem Freund gegenüber, als dieser vor drei Jahren zu Besuch kam, zunächst recht reserviert verhalten, sich dann aber anscheinend gut mit ihm vertragen (S. 15), Ohne daß Georg es gemerkt hat, hat sich zwischen beiden sogar eine tiefe Zuneigung entwickelt (S. 17 „Er wäre ein Sohn nach meinem

Herzen"). Beide, Georgs Vater und der Freund, sind in einen regen Briefwechsel miteinander getreten, und durch den Vater ist der Freund über Georg und dessen Tätigkeiten stets informiert (S. 20 „Er weiß doch alles, dummer Junge, er weiß doch alles!" ... „Darum kommt er schon seit Jahren nicht, er weiß ja alles hundertmal besser als du selbst ..."). Vater und Freund scheinen sich am Ende der Erzählung gegen Georg verschworen zu haben, Georg ist durch den Freund bei seinem Vater verdrängt worden.

Das Textanliegen (Sinn des Textes)

Auch in dieser Erzählung wird die Wirklichkeit verfremdet, indem mit den Mitteln der realistischen Erzählweise Absurdes in Alltägliches einbezogen wird. Der Held der Geschichte, Georg, will seinen Freund schonen. Georg hat geschäftlich Erfolg, und es ist ihm sogar gelungen, die Zuneigung eines wohlhabenden Mädchens zu erringen. Demgegenüber leidet der Freund unter seinen Mißerfolgen und zieht sich auch als Mensch immer mehr zurück.
Georgs Schritt in das Zimmer des Vaters bedeutet einen Schritt ins Reich des Irrealen, Unbegreiflichen und Unverständlichen. Die Erzählung hat fortan gewissermaßen einen doppelten Boden: den der Realität und den der Irrealität. Befremdend ist schon die Tatsache, daß Georg das Zimmer des Vaters seit Monaten nicht mehr betreten habe. Überraschend ist ferner die Frage des Vaters, ob Georg wirklich einen Freund in Petersburg habe. Unverständlich erscheint der Zweifel des Vaters.

> „Georg", sagte der Vater und zog den zahnlosen Mund in die Breite, „hör einmal! Du bist wegen dieser Sache zu mir gekommen, um dich mit mir zu beraten. Das ehrt dich ohne Zweifel. Aber es ist nichts, es ist ärger als nichts, wenn du mir jetzt nicht die volle Wahrheit sagst. Ich will nicht Dinge aufrühren, die nicht hierher gehören. Seit dem Tode unserer teueren Mutter sind gewisse unschöne Dinge vorgegangen. Vielleicht kommt auch für sie die Zeit, und vielleicht kommt sie früher, als wir denken. ... Aber weil wir gerade bei dieser Sache halten, bei diesem Brief, so bitte ich dich, Georg, täusche

mich nicht. Es ist eine Kleinigkeit, es ist nicht des Atems wert, also täusche mich nicht. Hast du wirklich diesen Freund in Petersburg?“ (S. 13)

Das Erscheinungsbild des Vaters ist grotesk. Er wird wie ein Kind ins Bett gebracht, er spielt an der Uhrkette, wirft die Bettdecke zurück, stellt sich im Bett auf – kurz, er ist ins Übermenschliche, Mythische verzerrt. Und so sieht denn auch Georg zu einem Schreckbild des Vaters auf.

„Nein!“ rief der Vater, daß die Antwort an die Frage stieß, warf die Decke zurück mit einer Kraft, daß sie einen Augenblick im Fluge sich ganz entfaltete, und stand aufrecht im Bett. Nur eine Hand hielt er leicht an den Plafond. „Du wolltest mich zudecken, das weiß ich, mein Früchtchen, aber zugedeckt bin ich noch nicht. Und ist es auch die letzte Kraft, genug für dich, zuviel für dich. Wohl kenne ich deinen Freund. Er wäre ein Sohn nach meinem Herzen. Darum hast du ihn auch betrogen die ganzen Jahre lang. Warum sonst? ...“ Georg sah zum Schreckbild seines Vaters auf.“ (S. 17)

Das Gespräch zwischen Vater und Sohn gleicht immer mehr einem Verhör, und so endet es denn auch mit einem Urteil. Dieser Urteilsspruch des Vaters ist der Höhepunkt des Verfremdungseffektes der Erzählung. Er erinnert an die patriarchalische Ordnung der Juden oder an die patria potestas der Römer. Beinahe noch befremdlicher aber ist die Wirkung des Spruches.

„... Und darum wisse: Ich verurteile dich jetzt zum Tode des Ertrinkens!“
Georg fühlte sich aus dem Zimmer gejagt, den Schlag, mit dem der Vater hinter ihm aufs Bett stürzte, trug er noch in den Ohren davon. Auf der Treppe, über deren Stufen er wie über eine schiefe Fläche eilte, überrumpelte er seine Bedienerin, die im Begriff war, hinaufzugehn, um die Wohnung nach der Nacht aufzuräumen. „Jesus!“ rief sie und verdeckte mit der Schürze das Gesicht, aber er war schon davon. Aus dem Tor sprang er, über die Fahrbahn zum Wasser trieb es ihn. Schon hielt er das Geländer fest, wie ein Hungriger die Nahrung. Er schwang sich über, als der ausgezeichnete Turner, der er in seinen Jugendjahren zum Stolz seiner Eltern gewesen war. Noch hielt er sich mit schwächer

werdenden Händen fest, erspähte zwischen den Geländerstangen einen Autoomnibus, der mit Leichtigkeit seinen Fall übertönen würde, rief leise: „Liebe Eltern, ich habe euch doch immer geliebt", und ließ sich hinabfallen.

Während Georg das vom Vater gefällte Urteil vollzieht, gesteht er zugleich die Liebe zu seinen Eltern ein. Sonderbar ist auch der Schluß der Erzählung.

„In diesem Augenblick ging über der Brücke ein geradezu unendlicher Verkehr." (S. 22)

Es werden Bilder einander zugeordnet, die der Situation völlig unangemessen erscheinen. Dennoch besteht zwischen ihnen ein Zusammenhang. Betrachten wir zuerst die Personen Vater und Sohn, die durch den Petersburger Freund erzählerisch verbunden sind. „Der Freund ist die Verbindung zwischen Vater und Sohn, ihre größte Gemeinsamkeit. Allein bei seinem Fenster sitzend, wühlt Georg in diesem Gemeinsamen mit Wollust, glaubt den Vater in sich zu haben, und hält alles, bis auf eine flüchtige traurige Nachdenklichkeit, für friedlich. Die Entwicklung der Geschichte zeigt nun, wie aus dem Gemeinsamen, dem Freund, der Vater hervorsteigt und sich als Gegensatz Georg gegenüber aufstellt", so deutet Kafka selbst in einer Tagebuchnotiz vom 11. Februar 1913 seine Erzählung. (Werner Zimmermann, Franz Kafka, Das Urteil, in: Deutsche Prosadichtung der Gegenwart, Teil III, Düsseldorf 1961², S. 98) Die Aufforderung des Vaters, über den Freund die „volle Wahrheit" zu sagen, ist – wie Kafka einmal äußerte – der „archimedische Punkt, von dem aus die Welt aus den Angeln gehoben werden kann." „Von einem solchen Punkt aus erscheint die Welt offenbar nicht mehr so, wie der in der Welt selbst befangene Mensch sie sieht." (Zimmermann a.a.O., 98/99) „Die Welt, in der Georg befangen ist und in der er den Vater um sich zu haben glaubt, enthüllt sich als eine Welt der Täuschung, die Welt des Vaters aber trägt den Stempel der Wahrheit und bricht nun als ein Gericht, dessen erste Aufgabe die Findung der Wahrheit ist, über die Welt des Sohnes herein. Unvermittelt mündet so die Lebenswirklichkeit Georgs in die metaphysische Wirklichkeit eines Gerichtes ein, das ihn ganz unerwartet zur Rechenschaft zieht. Das Gesetz, nach dem der Vater richtet, wird zwar nicht unmittelbar definiert, aber mittelbar umschrieben durch das Lebensgesetz des Freundes, das der Vater bejaht und dem er sich selbst unterwirft, das der Sohn aber verkennt und vor dem er versagt. ... Betrachten wir unter diesem Blickwinkel noch einmal unsere Erzählung, so erweisen sich alle Bemühungen Georgs, sein Verhalten gegenüber dem Freund vor sich selbst zu rechtfertigen, als Flucht vor der Wahrheit, alle vermeintliche Rücksicht auf den Freund als Rückzug vor der Verantwortung, ja als Täuschung und Selbsttäuschung." (Zimmermann, a.a.O., S. 99) Georgs Fragen sind rhetorische Fragen, die ihre Verneinung schon in sich schließen. Er berichtet dem Freund Belanglosigkeiten und verschweigt ihm wirklich Wichtiges. Doch tut er dies in Wirklichkeit nicht, um den Freund nicht zu stören, sondern um nicht selbst gestört zu werden. So enthüllt er sich als ein zwar äußerlich erfolgreicher aber innerlich leerer Mensch. Der Brief, den er dem Freunde schreiben will, wird zum Anlaß, den Vater aufzusuchen, den er seit Monaten nicht mehr in dessen Zimmer besucht hat. Doch bricht er nicht unvermittelt in dessen Welt ein, sondern macht eine Art Wandlung durch.

> „Mit diesem Brief in der Hand war Georg lange, das Gesicht dem Fenster zugekehrt, an seinem Schreibtisch gesessen. Einem Bekannten, der ihn im Vorübergehen von der Gasse aus gegrüßt hatte, hatte er kaum mit einem abwesenden Lächeln geantwortet.
> Endlich steckte er den Brief in die Tasche und ging aus seinem Zimmer quer durch einen kleinen Gang in das Zimmer seines Vaters, in dem er schon seit Monaten nicht gewesen war." (S. 10/11)

Diese „abwesende" Haltung ist ein Zeichen dafür, daß er sich anschickt, die Welt des äußeren Scheins zu verlassen und der Welt der Wahrheit zu begegnen. Mit dem Schritt ins Zimmer des Vaters begibt sich Georg ins Reich der Irrealität, das gerade deshalb irreal ist, weil es die Wahrheit verkörpert. Noch ist er nicht imstande, die Wahrheit zu erkennen.

> „Georg staunte darüber, wie dunkel das Zimmer des Vaters selbst an diesem sonnigen Vormittag war. Einen

> solchen Schatten warf also die hohe Mauer, die sich jenseits des schmalen Hofes erhob.“ (S. 11)

Der Vater befindet sich in einer Welt, in der sich der Abbau der materiellen Existenz zu vollziehen scheint. Dem Sohn jedoch fehlt die Fähigkeit der Kommunikation mit dieser, die auch die Welt des Freundes ist. Er mißt das Handeln von Vater und Freund an seinen eigenen Verhaltensschablonen und ist daher blind für die Tatsache, daß er seinen Freund schon längst verloren hat. Verlegen weicht er den Fragen des Vaters aus und versucht, diesen mit guten Ratschlägen zu überschütten. Er vermag die trennende Mauer, die einen solchen Schatten wirft, nicht zu überwinden. Die Vatergestalt ist dem Sohn inkommensurabel. Daher erliegt Georg nur immer neuen Selbsttäuschungen, wenn er sich des Vaters zu entledigen gedenkt, etwa, wenn er ihn zu Bett bringt (S. 16). Der Vater **ist** kraftvoller als er zu sein scheint. Seine Anklage beschränkt sich nicht auf den Vorwurf des Verrats am Freund, sie weitet sich auf die ganze Lebensführung Georgs aus: er wirft ihm vor, das Andenken der Mutter geschändet und sich aus niederen Motiven heraus verlobt zu haben. Wie sehr sich Georg getroffen fühlt, zeigt die Tatsache, daß er dem Vater den Tod wünscht:

> „Jetzt wird er sich vorbeugen, dachte Georg, wenn er fiele und zerschmetterte! Dieses Wort durchzischte seinen Kopf.“ (S. 19)

Die Schuld Georgs liegt in seiner Blindheit als Folge seines Egoismus.

> „Jetzt weißt du also, was es noch außer dir gab, bisher wußtest du nur von dir!“ (S. 21)

Kafka selber erklärt: „Die Entwicklung der Geschichte zeigt, wie aus dem Gemeinsamen, dem Freund, der Vater hervorsteigt und sich als Gegensatz Georg gegenüber aufstellt, verstärkt durch andere kleinere Gemeinsamkeiten, nämlich durch die Liebe, Anhänglichkeit der Mutter, durch die treuen Erinnerungen an sie und durch die Kundschaft, die ja der Vater doch ursprünglich für das Geschäft erworben hat. Georg hat nichts, die Braut, die in der Geschichte nur durch die Beziehung zum Freund, also zum Gemeinsamen, lebt, und die, da eben noch nicht Hochzeit war, in den Blutkreis, der sich um Vater und Sohn zieht, nicht eintreten kann, wird vom Vater leicht vertrieben. Das Gemeinsame ist alles um den Vater aufgetürmt, Georg fühlt sich nur als Fremdes, Selbständiggewordenes, von ihm niemals Beschütztes, russischen Revolutionen Ausgesetztes, und nur weil er selbst nichts mehr hat als den Blick auf den Vater, wirkt das Urteil, das ihm den Vater gänzlich verschließt, so stark auf ihn." (Max Brod, Franz Kafka, eine Biographie, Berlin-Frankfurt 1954^3, S. 158/159)

Der Erzählcharakter

Der Charakter der Erzählung ist parabolisch. Dies beweist der Schluß der Erzählung. „Kafkas Urteil erscheint uns als eine Art moderner Variante des Gleichnisses vom verlorenen Sohn, der den Geist der Wahrheit und der Liebe verraten hat, eines Tages aber unerwartet von diesem Geist angerufen und zur Verantwortung gezogen wird. In dem Gericht des Vaters über den Sohn erfahren wir gleichnishaft die metaphysische Situation des Menschen, der jeden Augenblick seines Lebens und sich in jedem Augenblick zu verantworten hat. ‚Wer sich für unschuldig hält, ist gerade der Schuldige. Denn verantwortlich sind wir für alles, was in der Welt geschieht', auch im fernen Petersburg." (Zimmermann, a.a.O., S. 108/109)
Ivo Braak zählt die Parabeln Kafkas (in: Poetik i. Stichworten, a.a.O., S. 165 und 150) zu den „verrätselten Parabeln", da sie „nicht in einer Lehre enden, sondern in einem Paradoxon gipfeln, das rätselhaft bleibt, daher vieldeutig und esoterisch ist, visionäre Schau einer Realität der Träume." Herder versteht unter einer Parabel „eine Gleichnisrede, eine Erzählung aus dem gemeinen Leben, mehr zur Einkleidung und Verhüllung einer Lehre als zu ihrer Enthüllung" (Braak, a.a.O., S. 164), Lessing definiert die Parabel als „Darstellung eines Beispiels, das so möglich sein könnte, im Gegensatz zur Fabel als wirklichen Fall." (Braak, a.a.O., S. 164) Kafka erzählt das Beispiel und überläßt die Reflexion dem Leser. „Damit wird nicht mehr nur auf ein, sondern auf alle möglichen analogen Phänomene hingedeutet; dieser eine Fall enthält alle Fälle, so kompli-

ziert sie auch immer sein mögen, in ihrer einfachsten Grundstruktur. Damit ist prinzipiell die Gattung der Parabel konstituiert. Sie ist immer wieder als eine für Kafka besonders typische Form empfunden, doch erst neuerdings in ihren entscheidenden Merkmalen, eben der Kürze, Einfachheit und dem Verweisungscharakter auf Analoges, erkannt worden. Man sah bisher immer nur ihren Hinweis auf Transzendentes, gemäß der These von Kafka als dem religiösen Dichter." (Heinz Hillmann, Franz Kafka, in: Deutsche Dichter der Moderne, hrg. v. Benno v. Wiese, Berlin 1965, S. 270) Das Transzendente, Allgemeine ist aber bei Kafka nicht etwas Neues, sondern das immer gleiche auf höherer Ebene, das Reale in höchster Potenz. Die Parabel allein genügt daher nicht, sie bedarf – so Hillmann – „der Ergänzung. Die Detailiertheit der Welt muß ebenso dargestellt werden wie ihre einfache Grundstruktur." (Hillmann, a.a.O., S. 271) Dies geschieht zunächst in den Erzählungen, wie das „Urteil" eine darstellt. Kafka nennt sie auch „Geschichten".
„Enthielt die Betrachtung in ihrer Kürze nur eine einzige Situation, so entwickelt die Geschichte ein Geschehen, eine Abfolge mehrerer streng kausal verknüpfter Situationen, deren erste die Abfolge auslöst. Verließ der Erzähler in der Betrachtung den Fahrgast, nachdem dieser sich plötzlich seiner Unsicherheit in Welt, Stadt und Familie bewußt geworden war ,so verfolgt er nun durch Welt, Stadt und Familie den Weg dessen, der durch ein inneres oder äußeres Ereignis aus der Selbstverständlichkeit seiner bisherigen Lebensweise herausgerissen wurde. ... Diese radikale Enthüllung wird dadurch möglich, daß der Erzähler das schlechthin Andersartige ... mitten in das Übliche hineinstellt. Erst der Kontrast schafft Erkenntnis, erst die Verzahnung von realistischer Gestaltung der Wirklichkeit und ‚unrealistischer' Gestaltung des scheinbar Phantastischen ... ermöglicht den klärenden Schock.
Mit der erhellenden Funktion dieser Darstellungstechnik hat es freilich eine eigene Bewandtnis. Wie die Kondensierung und Vereinfachung in der Parabel, so führt hier die Verzahnung der Ebenen zur Erschwerung des Verständnisses. Kafka mag sich dieser Problematik bewußt gewesen sein. Er formte im Laufe seiner Entwicklung eine neue Gattung aus, die wesentlich transparenter gestaltet

ist, und, wie die Parabel im Schloß-Roman, ihre eigene Deutung in reflexiver Form enthält: den Bericht." (Hillmann, a.a.O., S. 272)

Die Erzähltechnik

Satzbau

Immer wieder wird die klare Sprache Kafkas gerühmt. Sie „ist kristallklar, und an der Oberfläche merkt man gleichsam kein anderes Bestreben, als richtig, deutlich, dem Gegenstand angemessen zu sein." (M. Brod, a.a.O., S. 160) Stellenweise wird man an Rilkes Dinggedichte erinnert, in denen versucht wurde, die Wirklichkeit nüchtern und objektiv wiederzugeben. Aber im Gegensatz zu Rilkes gewählter, feierlicher Sprache ist die Kafkas weniger bildhaft, allein schon durch den überaus sparsamen Gebrauch an Adjektiven. So stellt uns Kafka im 1. Absatz der Erzählung in drei Sätzen zunächst die Jahreszeit, dann Georg und schließlich dessen seelische Situation vor. Dabei ist jeweils der folgende Satz länger als der vorhergehende. Der erste Satz ist kurz und allgemein.

> „Es war an einem Sonntagvormittag im schönsten Frühjahr."

Er erinnert mit seinem formelhaften Anfang „Es war ..." an ein Märchen. Der zweite Satz dagegen bringt eine Reihe von Einzelheiten, was sich in der hohen Zahl von zehn Substantiven und vier Adjektiven widerspiegelt.

> „Georg Bendemann, ein junger Kaufmann, saß in seinem Privatzimmer im ersten Stock eines der niedrigen, leichtgebauten Häuser, die entlang des Flusses in einer langen Reihe, fast nur in der Höhe und Färbung unterschieden, sich hingezogen."

Auffallend ist der zweimalige Gebrauch des Genetivs („eines der ... Häuser, entlang des Flusses"), im ersten Fall mit doppeltem Adjektiv-Attribut („niedrig, leichtgebaut").
Auffallend ist ferner Kafkas Vorliebe für Nebensätze, wenn es darum geht, zu zeigen, wie Georg einen Gedanken aufgreift und durchspielt.

„Das bedeutet aber nichts anderes,
als daß man ihm ... sagte,
daß seine bisherigen Versuche mißlungen seien,
daß er endlich von ihnen ablassen solle,
daß er zurückkehren und sich ... anstaunen lassen müsse,
daß nur seine Freunde etwas verstünden und
daß er ein altes Kind sei ..." (S. 6)

Ähnlich auffallend sind die zahlreichen Einschübe – meist selbständige Hauptsätze – in Sätze.

„Vielleicht gelang es nicht einmal, ihn überhaupt nach Hause zu bringen – er sagte ja selbst, daß er die Verhältnisse in der Heimat nicht mehr verstünde –, und so bliebe er dann trotz allem in seiner Fremde, ..."
„Folgte er aber wirklich dem Rat und würde hier – natürlich nicht mit Absicht, aber durch die Tatsachen, – niedergedrückt, ..." (S. 6)
„... vielleicht war der Vater seit dem Tode der Mutter, trotzdem er noch immer im Geschäft arbeitete, zurückhaltender geworden, vielleicht spielten – was sogar sehr wahrscheinlich war, – glückliche Zufälle eine weit wichtigere Rolle, ..." (S. 7/8)
„Sein schwerer Schlafrock öffnete sich im Gehen, die Enden umflatterten ihn – ‚Mein Vater ist noch immer ein Riese', sagte sich Georg." (S. 11)

Kafka spricht am Anfang der Erzählung durch Georg den Leser direkt an. Von daher sind auch die zahlreichen Fragesätze am Anfang erklärbar, die in Wirklichkeit als illokutive Akte eine ganz andere Intention besitzen als sie aussagen.

Außer der rhetorischen Frage lassen sich auch noch andere Gedankenfiguren feststellen, so z. B. die Antithese:
„Du sitzt hier im Dunkeln, und im Wohnzimmer hättest du schönes Licht. Du nippst vom Frühstück, statt dich ordentlich zu stärken. Du sitzt bei geschlossenem Fenster, und die Luft würde dir so gut tun." (S. 14)

Hinzu kommt bei diesem Beispiel die Klangfigur der Anapher (du sitzt, du nippst, du sitzt).
Häufig ist die Inversion

„Auf seinen Armen trug er den Vater ins Bett". (S. 16)
„Darum hast du ihn auch betrogen die ganzen Jahre lang." (S. 17)
„Aus dem Tor sprang er, über die Fahrbahn zum Wasser trieb es ihn." (S. 21)

Gerade wegen seiner nüchternen Sprache ist die Inversion für Kafka das Mittel, seine Gefühle durchklingen zu lassen.

Wortwahl

Kafka verwendet nur wenig Adjektive, die insbesondere am Anfang der Erzählung vorkommen, im Laufe der Geschichte aber immer weniger werden. Dabei werden sie meist als schmückendes Beiwort gebraucht (schönstes Frühjahr, freundschaftliche Beziehung, briefliche Verbindung, wichtige Rolle, glücklicher Freund, teuere Mutter, schwieriger Mensch, unglaubliche Geschichten, glückliche Verlobung), nur selten als individualisierendes Beiwort (struppiges, weißes Haar des Vaters, gelbes Gesicht des Freundes, müdes Gesicht des Vaters). Man kann aber auch nicht sagen, daß seine Sprache substantivisch sei, ins Auge fallend sind – trotz der nüchternen Sprache – vielmehr Füllwörter, Konjunktionen, Präpositionen und Adverbien.

> „**Wenigstens** zweimal habe ich **vor dir** verleugnet, **trotzdem** er **gerade bei mir** im Zimmer saß. Ich konnte **ja** deine Abneigung gegen ihn **ganz gut** verstehen, mein Freund hat seine Eigentümlichkeiten." (S. 15)

Eine Fülle von Beispielen findet sich in folgendem Abschnitt:

> „Und tatsächlich berichtete er seinem Freunde in dem langen Brief, den er an diesem Sonntagvormittag schrieb, die erfolgte Verlobung mit folgenden Worten: „Die beste Neuigkeit habe ich mir bis zum Schluß aufgespart. Ich habe mich mit einem Fräulein Frieda Brandenfeld verlobt, einem Mädchen aus einer wohlhabenden Familie, die sich hier erst lange nach Deiner Abreise angesiedelt hat, die Du also kaum kennen dürftest. Es wird sich noch Gelegenheit finden, Dir Näheres über meine Braut mitzuteilen, heute genüge Dir, daß ich recht glücklich bin und daß sich in unserem gegenseitigen Verhältnis nur insofern etwas verändert hat, als Du jetzt in mir statt eines ganz gewöhnlichen Freundes einen glücklichen Freund haben wirst. Außerdem bekommts Du in meiner Braut, die Dich herzlich grüßen läßt, und die Dir nächstens schreiben wird, eine aufrichtige Freundin, was für einen Junggesellen nicht ganz ohne Bedeutung ist.

Ich weiß, es hält Dich vielerlei von einem Besuche von uns zurück, wäre aber nicht gerade meine Hochzeit die richtige Gelegenheit, einmal alle Hindernisse über den Haufen zu werfen? Aber wie dies auch sein mag, handle ohne alle Rücksicht und nur nach Deiner Wohlmeinung." (S. 10)

Von 185 Wörtern sind 30 Substantive, während 10 Adjektive als schmückende Beiwörter verwendet werden (langer Brief, erfolgte Verlobung, folgende Worte, beste Neuigkeit, wohlhabende Familie, gegenseitiges Verhältnis, gewöhnlicher Freund, glücklicher Freund, aufrichtige Freundin, richtige Gelegenheit), lediglich das Adjektiv in der Formulierung „glücklicher Freund" könnte in diesem Zusammenhang als individualisierendes Beiwort angesehen werden. Die Adverbien bzw. Adverbialien sind: tatsächlich, erst lange, kaum, noch, recht, nur insofern, jetzt, herzlich, nächstens, nicht ganz ohne Bedeutung, gerade, wie, ohne alle Rücksicht, nach deiner Wohlmeinung. An Konjunktionen finden sich: und, noch, außerdem, aber, während Präpositionen als Füllsel nicht allzu häufig sind (in, an, aus, über). Insgesamt gesehen läßt sich feststellen, daß der Abschnitt vom Standpunkt des Stilisten aus scheinbar manch überflüssiges Wort enthält.
Ähnlich steht es mit den Verben. Hier fällt auf, daß Kafka das Perfekt benutzt und daher zahlreiche Verben in Verbindung mit dem Hilfsverb „haben" erscheinen. Aber auch im Laufe der gesamten Erzählung häufen sich Wortwiederholungen (insbesondere „sagen"), und man wird durch den ständigen Gebrauch der gleichen Vokabeln (z. B. berichten, sitzen, fragen, sehen) an die Kurzgeschichte erinnert.

Der dramatische Aufbau

Der Aufbau der Erzählung entspricht den Gesetzen des Dramas. Wir finden sowohl die Einheit der Zeit als auch die des Ortes und der Handlung. Die Geschichte spielt sich an einem einzigen Tag in einem Haus am Flußufer ab. Lediglich am Ende der Erzählung wird die Brücke als Schauplatz hinzugefügt. Die Handlung selber besteht darin, daß Georg, nachdem er einen Brief geschrieben hat, sich

zu seinem Vater begibt, der ihn nach einer Auseinandersetzung zum Tode durch Ertrinken verurteilt. Georg befolgt dieses Urteil.
Die dramatische Entwicklung vollzieht sich in folgenden Schritten:

Exposition:
G. hat einen Brief geschrieben

Steigerung
G. geht zu seinem Vater und erklärt, daß er seinem Freund geschrieben habe

Der Vater bezweifelt die Existenz des Freundes

Peripethie:
Der Vater erklärt sich zum Sachwalter des Freundes, Todesurteil des Sohnes

Katastrophe
G's Tod

Kafka bedient sich dabei der Mittel, die Brecht als Kennzeichen des epischen Theaters anführt: die Handlung ist erzählend, macht den Zuschauer zum Betrachter, weckt seine Aktivität, erzwingt von ihm Entscheidungen, der Mensch ist Gegenstand der Untersuchungen, der Mensch wird als Prozeß gesehen, die Ratio des Zuschauers wird angesprochen (vergl. Bertolt Brecht, Schriften zum Theater, Bibliothek Suhrkamp, Frankfurt 1967, S. 19f.).

3.2 Vor dem Gesetz

Inhaltsangabe

Ein Mann vom Lande kommt zum Türhüter, der den Eingang zum Gesetz bewacht, und bittet um Einlaß. Dieser lehnt die Bitte ab und antwortet ausweichend auf die Frage, ob der Mann vom Lande später eintreten dürfe. Als der Eintrittheischende durch die offene Tür in das Innere des Gesetzes schaut, macht ihn der Türhüter darauf aufmerksam, daß es vergebliche Mühe sei, zu versuchen, unerlaubt eintreten zu wollen. Er sei sehr mächtig, aber dabei erst der unterste aller Türhüter. Daraufhin sieht ihn sich der Mann vom Lande genau an. Der Türhüter gibt ihm einen Schemel, auf den er sich während der Wartezeit setzen kann. Jahre vergehen, während denen der Mann vom Lande altert. Er versucht erst, den Türhüter zu bestechen und bittet dann auch die Flöhe im Pelzkragen des Türhüters, ihm zu helfen. Er vergißt immer mehr, daß es noch andere Türhüter gibt, weil er sich in seinem Bemühen um Eintritt in das Gesetz ganz auf den ersten Türhüter konzentriert hat. Als er stirbt, fragt er, warum in all den Jahren kein anderer Mensch Einlaß zum Gesetz begehrt habe. Der Türhüter antwortet ihm, daß diese Tür nur für ihn offen gestanden habe; er schließe sie jetzt.

Inhaltlicher Aufbau

Der Text gliedert sich in folgende Schwerpunkte:

1. Ein Mann vom Lande erfährt, daß ihm der Eintritt zum Gesetz jetzt noch nicht gewährt werden könne.
2. Während er wartet, betrachtet er den Türhüter.
3. Er macht viele vergebliche Versuche, eingelassen zu werden.
4. Immer stärker konzentriert er sich auf den ersten Türhüter, so daß er die übrigen Türhüter und das Gesetz selber vergißt.
5. Als er stirbt, fragt er, wieso in den vielen Jahren außer ihm niemand Einlaß begehrt habe und erfährt, daß außer ihm hier niemand Einlaß erhalten konnte.

Das Gewicht liegt auf der seelischen Entwicklung des Mannes vom Lande (innere Handlung).

Die Haupthandelnden

Der Mann vom Lande

Der „Mann vom Lande“ ist – wie viele Märchenhelden auch – namenlos. Wir wissen auch nicht, wie er aussieht, und er benimmt sich wie viele andere, er „kommt“, „bittet“, „überlegt“ und „fragt dann“ wieder. Er hat für eine lange Reise vorgesorgt, ist mit vielem ausgerüstet, und es zeichnet ihn eine gewisse Hartnäckigkeit aus bei dem Versuch, zum Gesetz zu gelangen. Als er feststellt, daß sein Unterfangen schwieriger ist als er erwartet hat, versucht er zunächst wieder durch Bitten, dann durch Bestechung sein Ziel zu erreichen. Aus seinem ganzen Verhalten spricht „die durch keine Enttäuschung zu erschütternde Überzeugung, daß er eines Tages Eintritt in das ‚Gesetz' erlangen wird. Wohl ‚verflucht er den unglücklichen Zufall (der ihn gerade zu diesem Türhüter geführt hat) in den ersten Jahren laut', aber er kann sich gleichwohl der geheimnisvollen Wirkung, die das Gesetz offenbar gerade an dieser Stelle auf ihn ausübt, nicht entziehen. ... Indessen bezeugt das Verhalten des Mannes vom Lande nicht nur die Unausweichlichkeit des Gesetzes und die Unbeirrbarkeit des menschlichen Strebens nach diesem Gesetz, sondern auch die Bedingtheit dieses Strebens, das durch die Wahl der Mittel das ersehnte Ziel immer wieder verfehlt. Als ein solcher Fehlgriff erscheint der Versuch des Mannes, den Türhüter zu bestechen. Auch wird deutlich, wie sich das Blickfeld des Mannes im Laufe der Zeit immer mehr verengt, so daß er Gefahr läuft, über dem Gedanken an das Hindernis das Ziel selbst aus dem Auge zu verlieren: ‚Während der vielen Jahre beobachtet der Mann den Türhüter fast ununterbrochen. Er **vergißt** die anderen Türhüter, und dieser erste **erscheint** ihm das einzige Hindernis für den Eintritt in das Gesetz.' Wie sehr er sich in seinen Anstrengungen immer mehr von dem erhabenen, aber fernen Ziel abkehrt und sich dem banalen, aber nahen Hindernis zuwendet, zeigt in tragikomischer Weise seine Bitte an die Flöhe im Pelzkragen des Türhüters, ihm zu helfen und den Türhüter umzustimmen. Sinnfällig wird die zunehmende Einengung seines Gesichtskreises in dem Nachlassen seiner Sehkraft. Freilich erfahren wir nunmehr die Parodoxie, daß der schon fast Erblindete den ‚unverlöschlichen Glanz' des Gesetzes zu erkennen vermag: erst im Angesicht des Todes wird sein Blick für die Schönheit des Gesetzes geöffnet. Aber auch diese ‚Erkenntnis' gewährt ihm keinen Trost. Die letzte Frage, die er an den Türhüter stellt, deutet an, daß der Gegensatz zwischen Absolutheit des gültigen Seins, nach dem alle Menschen streben, und der Relativität mensch-

licher Einsicht in dieses Sein auch jetzt noch nicht aufgehoben ist. Ja, diese Frage verrät auf eine erschütternde Weise die metaphysische Vereinsamung des Menschen, den die Offenbarung nicht erreicht hat und der sich darauf angewiesen sieht, den Weg zu dem ihm vorbestimmten Ziel aus eigener Kraft zu finden." (Werner Zimmermann, Deutsche Prosadichtung der Gegenwart, Teil II, Franz Kafka, Vor dem Gesetz, Düsseldorf 1960[6], S. 177/178)
Der Mann vom Lande ist der typische Mensch Kafkas, voller Unsicherheit, Verlegenheit, Nicht-Wissen um sein Tun-Sollen und daher eingespannt in einen Zyklus, dem er nicht entgehen kann. Die Stadien dieses Zyklus sind:

1. „Er fühlt sich aus der Welt (oder den verschiedenen gesellschaftlichen oder ethnischen Welten) ausgeschlossen.
2. Daher weiß er nicht, **wo** er verpflichtet ist.
3. Dieses Nichtwissen wird schlechtes Gewissen.
4. Also beansprucht er auch von nirgendwoher Rechte.
5. Da er keine Rechte hat, ist er ‚im Unrecht'.
6. Das ‚im-Unrecht-sein' steigert seine Gewissensqual.
7. resp. 1. Seine Gewissensqual stellt ihn außerhalb der Welt." (Günther Anders, Kafka Pro und Contra, München 1963[2], S. 29)

Der Türhüter

Der Türhüter ist in einen Pelzmantel gehüllt, er hat eine große Spitznase und einen langen, dünnen, schwarzen tatarischen Bart. Er gibt sich leutselig, stellt aber in Wirklichkeit – wie große Herren – teilnahmslose Fragen, um nicht unhöflich zu erscheinen. Er fühlt sich – wenn auch als letztes Glied einer Hierarchie – seiner Macht bewußt und nimmt deshalb nicht Teil an der seelischen Spannung des Mannes vom Lande. Der Geistliche, der im „Prozeß" Josef K. die Legende „Vor dem Gesetz" erzählt, schildert ihn wie folgt:

> Hinzu kommt noch, daß der Türhüter seiner Naturanlage nach freundlich zu sein scheint, er ist durchaus nicht immer Amtsperson. Gleich in den ersten Augenblicken macht er den Spaß, daß er den Mann trotz dem aus-

drücklich aufrechterhaltenen Verbot zum Eintritt einlädt, dann schickt er ihn nicht etwa fort, sondern gibt ihm, wie es heißt, einen Schemel und läßt ihn seitwärts von der Tür sich niedersetzen. Die Geduld, mit der er durch all die Jahre die Bitten des Mannes erträgt, die kleinen Verhöre, die Annahme der Geschenke, die Vornehmheit, mit der er es zuläßt, daß der Mann neben ihm laut den unglücklichen Zufall verflucht, der den Türhüter hier aufgestellt hat – all dies läßt auf Regungen des Mitleides schließen. Nicht jeder Türhüter hätte so gehandelt. Und schließlich beugt er sich noch auf einen Wink hin tief zu dem Mann hinab, um ihm Gelegenheit zur letzten Frage zu geben ... Jedenfalls schließt sich so die Gestalt des Türhüters anders ab, als du es glaubst. (Franz Kafka, Der Prozeß, Fischer-Verlag, Berlin 1951, S. 259, zitiert nach: Zimmermann, a.a.O., S. 176)

Das Textanliegen (Sinn des Textes)

Kafkas Roman „Der Prozeß" ist ganz „auf die Erzählung vom Türhüter (im Tagebuch nennt sie Kafka ‚Legende', im Roman eine ‚Geschichte', die ‚in den einleitenden Schriften zum Gesetz' stehe) hin gearbeitet, schon in der ersten Skizze zum Roman (vom 29. Juli 1914) tritt ein Türhüter auf. Es ist nicht nur eine der berühmtesten Erzählungen Kafkas, sondern sie war dem Autor auch eine der liebsten. Er nahm sie aus dem Kontext des Kapitels ‚Im Dom' heraus und nannte sie ‚Vor dem Gesetz'. Er las sie öfters Freunden vor (auch Felice, einige Monate später) und ordnete sie den (mit einer Ausnahme sämtlich später entstandenen) Erzählungen des Bandes ‚Ein Landarzt' bei. Man kennt zwei Vorabdrucke, der früheste ist der im Almanach des Kurt Wolff Verlages ‚Vom jüngsten Tag' (1916), der auch das fast auf die Woche zur gleichen Zeit entstandene Gedicht ‚Grodek' von Georg Trakl enthält." (Wagenbach, a.a.O., S. 98)
Schlüssel zum Verständnis der Erzählung sind die beiden letzten Sätze:

> Hier konnte niemand sonst Einlaß erhalten, denn dieser Eingang war nur für dich bestimmt. Ich gehe jetzt und schließe ihn.

„Der Mann vom Lande erfährt die tragische Paradoxie, daß für ihn ein eigener Zugang zum ‚Gesetz' vorgesehen ist,

zu einem letzten, höchsten Wert also, daß dieses Tor aber in dem Augenblick geschlossen wird, da er stirbt, obwohl er jahrelang vor ihm auf Einlaß gewartet hat.
Der Mann hat sich also nicht getäuscht in dem Gefühl, daß ein bestimmter Sinn in seinem Leben waltet, aber dieser Sinn erweist sich als unfaßbar, er bleibt ihm verschlossen. Es ist die Situation des Menschen, der dazu verurteilt ist, im ‚Vor'-Raum des Absoluten oder – im Sinn des Alten Testamentes – vor dem Eingang zum Paradies zu verharren, und der doch die Gewißheit einer möglichen Erlösung aus diesem Zustand des Harrens in sich trägt. ‚Es gibt ein Ziel', sagt Kafka einmal, ‚aber keinen Weg; was wir Weg nennen, ist Zögern'." (Zimmermann, a.a.O., S. 174) Warum ist er aber nicht eingelassen worden?
Bei der Beantwortung dieser Frage hilft die nähere Betrachtung des inhaltlichen Aufbaus der Erzählung: Ein Mann vom Land kommt in der Absicht, das Gesetz zu betreten, konzentriert sich aber – während er auf Einlaß wartet – immer mehr auf den Türhüter statt auf sein eigentliches Ziel, das Gesetz. Diese Ablenkung vom wirklichen Ziel bestimmt den Handlungsverlauf der Erzählung und damit des Gesagten, des Dictums. Diese Ablenkung bestimmt aber auch zugleich die Dekodierhaltung des Lesers.
„Am Anfang steht die Meinung des Mannes, „das Gesetz soll doch jedem und immer zugänglich sein". Anstatt aber dieses Wissen über das Gesetz zur Grundlage seines Handelns zu machen und auf seine Richtigkeit hin zu überprüfen, indem er der Aufforderung, einzutreten, nachkommt, konzentriert er sich mehr und mehr auf den Türhüter. Dessen einschüchternde Rede von der Hierarchie immer mächtigerer Wächter ist der erste Anstoß dazu. Erst nachdem er sich dergestalt hat beeindrucken lassen, beginnt er zu beobachten, entdeckt das Äußere des Türhüters als furchteinflößend, und er erliegt der Abweisung und herablassenden Freundlichkeit des „Hüters". Er folgt einem „nicht wieder gutzumachenden Fehlläuten der Nachtglocke" (Schlußsatz der Erzählung „Ein Landarzt", in Franz Kafka, Erzählungen, a.a.O., S. 153), wenn er sich auf das jahrelange Studium des Türhüters einläßt. Schrittweise verliert er die Übersicht über den entscheidenden Bezug zwischen sich selbst und dem Gesetz; immer mehr wird sein Denken und Handeln fixiert von der Pseudo-

Größe des Türhüters. Vor dieser Akzentverschiebung ist der Schlußdialog zu sehen: der Mann tritt über den Türhüter hinweg mit dem Gesetz in Kommunikation, indem er dessen „unverlöschlich“ aus der Tür brechenden Glanz wahrnimmt; das Gesetz seinerseits reagiert, indem es durch seinen Angestellten die Individualität des Zugangs bestätigt, eine groteske Verschiebung also gegenüber der Ausgangssituation: das Gesetz eröffnet sich als Instanz, die schon immer auf den Mann gewartet hat, ihm einen eigenen Eingang und einen dazugehörigen Hüter schuf, während der Mann jetzt sein Wissen nicht mehr ausnützen kann.

Der Leser muß – ganz wie Josef K. in dem Prozeßroman (Franz Kafka, Der Prozeß, a.a.O., S. 258) – spontan auf diese hintergründige „Einladung“ zum Eintritt, der der Mann nicht mehr folgen kann, mit dem Urteil „Der Türhüter hat den Mann getäuscht“ reagieren. Hier liegt das Zentrum der „Aufforderungsstruktur“ des Textes. Um sein „Urteil“ zu rechtfertigen, muß der Leser das „Gesagte“ auf ein „Gemeintes“ hin überschreiten, indem er das rätselhafte und provozierende Leergerüst mit einem „Sinn“ erfüllt. Die dramatische Engführung des Textes auf die Schlußszene hin beweist, daß es Kafka darauf ankam, den Leser gerade an dieser Stelle in ein starkes emotionales Engagement zu treiben, d. h. in ihm das dringende Bedürfnis zu wecken, sich durch die Substituierung eines „Sinns“ eine Klärung der empfundenen Ungerechtigkeit zu verschaffen. Das Dictum muß dazu – ganz wie in der „Kleinen Fabel“ – in einem zweiten Ansatz des erschließenden Umgangs auf diejenigen Bauelemente hin abgetastet werden, die möglicherweise den „Schlüssel“ für die „Übertragung“ enthalten könnten. Sie müssen von denjenigen gesondert werden, die dann auf die einmal an das Dictum gestellte Lösungsfrage eine „Antwort“ bereitstellen.

Ausgezeichnete Ausgangspunkte sind die Fragen nach dem, was sich hinter dem „Mann vom Lande“ und was sich hinter dem „Gesetz“ verberge. Hier nun setzen die Entschlüsselungsversuche ein, die verschiedene Identifikationen durch zum Gang des Geschehens nicht unbedingt erforderliche und daher als Verweisträger besonders geeignete Textstellen belegen und dann auf ihre Stimmigkeit als Lösungsansatz hin prüfen müssen. Die wesentlichen

Deutungssätze, die in der Forschung vorgeschlagen worden sind, werden an diesem Punkte des Erschließungsversuches in der Klasse in ihren Rudimenten verhältnismäßig regelmäßig erbracht. Sie lassen sich etwa wie folgt katalogisieren:

1. Der „Mann vom Lande“ wird assoziativ verknüpft mit Redewendungen wie „vom Lande kommen“, „Unschuld vom Lande“ u. ä. Er bedeutet dann soviel wie „der naive Mensch“. Dem widerspricht nicht, daß der Mann mit einer gewissen Bauernschläue versucht, sein Ziel über Bestechungen zu erreichen. Auch die Hartnäckigkeit, mit der er den Türhüter bedrängt, paßt in dieses Bild.

2. Eine weitere Auslegungsmöglichkeit des Literalsinns des Epithetons „vom Lande“ wäre die Umformungskette „Mann vom Lande“ – „Mann aus Erde“ – „Adam“. Dieser Leseweise nach stünde der „Mann vom Lande“ als verschlüsselter Hinweis auf den Menschen schlechthin, auf das Gattungs-Ich. Die Parabel gäbe gleichnishaft Bericht von den Beziehungen des Menschen zu einer noch näher zu definierenden Instanz, die hier mit der Wortmarke „Gesetz“ belegt ist.

3. Die dritte mögliche „Erklärung“ des Mannes, die der Text eröffnet, widerspricht der zweiten; sie erfolgt über die Unterscheidung dieses Mannes vom Lande von den anderen Menschen, die nicht ihr ganzes Leben vor den Türen des Gesetzes vertun, sondern zu Hause bleiben, ihr Leben tätig „auf dem Lande“, d. h. in der Welt, verbringen. Da das „Gesagte“ nun aber in der besonders herausgestellten Schlußphase den Hinweis enthält, daß „alle doch nach dem Gesetz streben“, liegt die Schlußfolgerung nahe, daß der Ruf des Gesetzes zwar an alle ergeht, daß ihm aber nur wenige wie der Mann folgen. Als Dictandum wäre also eine Aussage über denjenigen Teil oder Trieb des Menschen anzusetzen, der nach dem „Gesetz“ verlangt. Die Figur des „Mannes vom Lande“ wäre dann die Personifikation eines Bedürfnisses, das in den meisten Menschen unterdrückt wird um der Lebensbewältigung willen, das die anderen

aber zum vergeblichen Warten vor den Türen des Gesetzes nötigt. Die Parabel wäre eine Kritik Kafkas an diesem „Sucher".

4. Die vierte grundsätzliche Möglichkeit, eine Auslegung zu entwickeln, besteht in verschiedenen Verknüpfungen der Erzählfigur des „Mannes" mit bereits vorgeprägten literarischen Gestalten. Das Vorwissen des Lesers wird mobilisiert, indem er Bekanntes benutzt, um Befremdliches zu ergreifen. Eine solche Verknüpfung wäre hier der Anschluß an die Tradition des Märchens – vergleichbar der Verknüpfung der ... zuvor behandelten Parabel mit derjenigen der Fabel. Als scheiternden „Märchenheld" sieht der Leser im „Mann vom Lande" den Dümmling, der seine ganze Existenz an eine Sache wagt. Aber im Gegensatz zum Märchen, das immer von dem Berufenen und Auserwählten berichtet, dem die Lösung der Aufgabe gelingt, an der alle andern vorher scheiterten, gehört Kafkas Held zu denjenigen, die den Ruf verspüren, dann aber grausam enttäuscht und getäuscht werden, einer jener, die zu früh kommen, die das rechte Wort nicht wissen, die in der Hecke umkommen, ohne zu dem Dornröschen vorgedrungen zu sein.

Der zweite Erschließungsansatz fragt nach dem „Gesetz". Er ist in einer doppelten Ausprägung denkbar. Entweder handelt es sich um eine der alltäglichen Lebenswelt der Menschen immanente oder um eine transzendente Größe.

1. Die erste sieht dann in der Geschichte vor allem die Abbildung sozialer Spannungen, z. B. derjenigen zwischen dem rechtsuchenden einzelnen und den gesetzgebenden Behörden, und vermutet hinter der Anspielung auf eine Hierarchie versperrender Instanzen Kafkas sarkastische Darstellung seiner Erfahrungen in der österreichischen Bürokratie, deren langer Instanzenweg es dem „Mann vom Lande" unmöglich machte, sein Recht zu finden.

2. Die andere könnte über die jüdische Bedeutung des Wortes „Gesetz", nämlich „Thora, Gesetz Gottes", einen Verweis auf den theologischen Bereich vermuten.

Die Varianten dieser „Lösung“ sind vielfältig. Sie gehen von einer eingeengt jüdischen („Gesetz“ als „Gesetz des Alten Bundes“); bis zur allgemeinen („Gesetz“ als „das Absolute schlechthin“).

Die Reihe der möglichen Öffnungen des „Gesagten“ auf ein bestimmtes „Gemeintes“ hin ist lang, da jede der ersten Lösungen (Wer ist der „Mann vom Lande“) mit jeder der zweiten (Was ist das „Gesetz“) kombiniert werden kann. Die Textabfolge steuert dann auf eine durch den zuvor eingebrachten Lösungssatz vorbestimmte „Antwort“ der Parabel hin. Die bisher vom Deuter nicht „ausgenützten“ Einzelheiten des Dictums müssen in ein einheitliches Lösungs-Bild zusammengefügt werden.
Kombiniert ein Schüler etwa die dritte Erklärung des „Mannes vom Lande“ mit der zweiten des „Gesetzes“, so wäre die „Aussage“ der Parabel so zu resümieren:
In jedem Menschen gibt es – auf Grund eines vorgängigen Appells einer transzendenten Instanz – als eine Art Bestimmung des Menschseins ein Bedürfnis, zum „Absoluten“ als der Erfüllung des Lebens zu gelangen. Folgt er jedoch diesem Ruf, so begibt er sich in die Gefahr des Scheiterns. Die rufende Instanz ist nämlich zugleich eine sich verweigernde. Der theologische Gedanke der Prädestination würde zusammengesehen mit einer Anklage gegen diese Transzendenz, die den Menschen ruft, dann aber grausam denjenigen vernichtet, der ihrem Appell folgt.
Eine andere Variante dieses Ansatzes würde in dem Verhalten des Mannes ein Fehlverhalten sehen, so daß ihm das Scheitern des Zum-Gesetz-Gelangens zu Last gelegt würde, und im Aufleuchten des „unverlöschlich“ aus der Tür des Gesetzes brechenden Lichtes im Augenblick des Todes einen Abglanz göttlicher Gnade erblicken. Die in der Forschung üblichen Querverweise – etwa zum Ende des Gregor Samsa der „Verwandlung“, dem sich die Dimension der Musik erschließt, oder auf die Verurteilten der „Strafkolonie“, von denen es heißt, am Ende der Tortur verkläre sich ihr Antlitz – könnten als Stützung dieser Position von außerhalb des Dictums dieser Parabel herangezogen werden.
Zu einer ganz andern, aus dem Text aber ebenso zu belegenden und dennoch letztlich dem aktiven „Mitschaf-

fen“ des Lesers zu verdankenden „Antwort“ kommt der Schüler, welcher die erste Entschlüsselung des „Mannes“ mit der ersten des „Gesetzes“ kombiniert.
Im Glauben, das Gesetz sei für alle gleich gemacht und unmittelbar erreichbar, begibt sich der Naive auf die Suche nach der Instanz, von der er Gerechtigkeit erwartet. Das Scheitern dieser passiven Gegenfigur zu Michael Kohlhaas belehrt uns, daß es unmöglich ist, durch bloßes Warten sein Ziel zu erreichen. Die Fixierung auf Hindernisse erweist sich als fatal. Die Parabel wäre also um eine „argumentatio ex negativo“ gebaut, welche im Scheitern des Wartenden den Zugang als nur durch Übertreten hindernder Zwischeninstanzen erreichbar ausweist. Damit enthielte für diesen Leser die Parabel einen verhüllten Aufruf zu revolutionärem Handeln, welches allein den Mann vom Lande in den Besitz des „Leuchtens“ hätte bringen können. Kafka würde nach dieser Version nicht als scheiternder Gottsucher, sondern als ein die Entfremdung des Menschen in der verwalteten Welt erkennbarer und die Utopie der Revolution aufrichtender Autor dastehen.
Die Vielfalt der vom Text initiierten Leseweisen in der Arbeit mit einer Klasse freizulegen ist nicht, wie man vielleicht befürchten wird, das Eröffnen freier und ungezügelter Spekulationen über das vorgelegte sprachliche Kunstwerk hinaus, unter denen es selbst verschüttet wird. Sie ist auch nicht der Rückschritt hinter die von der Wissenschaft ständig unternommenen Bemühungen um Exaktheit der Analyse der Aussage. Sie ist eine Antwort der Leserschaft auf die Provokation des Textes, ein intellektuelles Spiel, durch geschickte Kombinationen der im Dictum vom Autor bereitgestellten Elemente einen dem subjektiven Primäreindruck entsprechenden Analysenkomplex zu erstellen und zugleich – in dem Falle ,daß er nicht mit dem im Dictum Vorgegebenen harmoniert – den eigenen Erschließungsansatz durch den Text in Frage stellen zu lassen.
In dem Durchspielen der vom Dictum angebotenen Möglichkeiten, auf ein vom Leser miterstelltes Dictandum zu verweisen, werden die verschiedenen Dimensionen des Textes erst voll ausgelotet. Daß wir uns mit einem solchen Zugriff in Bahnen bewegen, die der Autor für seine Texte selbst vorgezeichnet hat, beweist die „Auslegung“, die im

Dom-Kapitel des Prozeß-Romans der „Legende“ angefügt wird. (Ebd., S. 258 ff.)“ (Fingerhut, a.a.O., S. 40 ff.)
Die oben gestellte Frage, warum der Mann vom Lande nicht eingelassen worden ist, muß also nun umgeformt werden zu der Frage: Warum ist er nicht hineingegangen? Eben in diesem Nicht-Tun, Nicht-Handeln, Nicht-hineingehen-in-das-Gesetz liegt die Schuld des Mannes vom Lande. Von hier aus gesehen, kann man auch diejenigen Interpreten verstehen, die erklären, daß nicht er – der Mann vom Lande – hingehalten worden sei, sondern der Türhüter, der umsonst habe jahrelang warten müssen, bis dann doch nichts von Seiten des Mannes geschah. Durch das Unterlassen ist dieser – wie einst Parzival – schuldig geworden. „Tiefsinnig deutet Martin Buber den ‚Glanz, der unverlöschlich aus der Tür des Gesetzes bricht‘ und den der Mann vom Lande mit schwindendem Augenlicht gewahrt, als das ‚Gesetz der Identität der menschlichen Person als solcher mit sich selber, der schulderkennenden mit der schuldtragenden, der im Licht mit der im Dunkel‘. Das Unvermögen des Mannes vom Lande, über die von Tür zu Tür zunehmende Macht der Türhüter zum höchsten Richter zu gelangen, ist dichterisches Sinnbild der Gottferne des in Gesetzesverlorenheit lebenden Menschen. Noch sucht er die Schuld nicht bei sich selbst, sondern bei dem Türhüter ... Das Eingeständnis seiner Existenzschuld hätte dem ‚Glanz‘ geglichen.“ (Rigobert Wilhelm, Das Religiöse bei Franz Kafka, in: Hochland, Sonderdruck, 4. H., 57. Jgg., April 1965, S. 345) Man wird hier unwillkürlich an Bernhard von Clairveaux erinnert, der einmal äußerte: Tantum Deus cognoscitur, tantum deligitur, In dem Maße wird Gott erkannt wie er geliebt wird. Die Liebe des Mannes vom Land zum Licht ist aber nicht groß genug, als daß sie die wachsende Macht der Türhüter bzw. die Angst vor dieser Macht überwinden könnte. Insofern wird der Mann vom Lande schuldig als er dieser Liebe nicht gerecht wird.
„Eine Schuld lädt jemand auf sich, der durch eine Tat oder eine Unterlassung ein Gesetz oder ein Gebot verletzt hat, ein Strafgesetz, ein Sittengesetz oder ein religiöses Gesetz. Er ist dann von dem durch ein Gesetz als richtig bezeichneten Weg abgewichen und befindet sich somit auf einem falschen Weg. Das ist eine Schuld. Und das ist

tatsächlich auch das Schicksal sehr vieler Helden in Kafkas Erzählungen: sich auf dem unrichtigen Wege zu befinden. Irgendeinmal muß das Geleise falsch gestellt worden sein; das ist offenbar dem Josef K. passiert. Aber welches ist denn der richtige Weg? Gäbe es ein klares Gesetz, dann gäbe es auch eine klare Schuld; aber dieses Gesetz wird niemals mitgeteilt.

Auch in seinen Tagebüchern variiert Kafka diesen Gedanken: Es ist sehr gut denkbar, daß die Herrlichkeit des Lebens für jeden und immer in ihrer ganzen Fülle bereitliegt, aber verhängt, in der Tiefe, unsichtbar, sehr weit. Aber sie liegt dort, nicht feindselig, nicht widerwillig, nicht taub. Ruft man sie mit dem richtigen Wort, beim richtigen Namen, dann kommt sie.

Welches ist das richtige Wort, welches der richtige Name, welches der richtige Weg? Es bietet sich wohl eine Erklärung: es gibt einen richtigen Weg, doch um ihn zu finden und ihn zu gehen, hilft kein geschriebenes Gesetz, denn das existiert nicht. Es genügt auch nicht, den natürlichen Trieben zu folgen, und auch mit der Vernunft läßt es sich nicht finden. All diese Wegweiser besitzen zwar eine gewisse Gültigkeit, aber sie genügen nicht; es muß noch etwas hinzukommen, etwas, was offenbar außerhalb des natürlichen Triebes und außerhalb der rationalen Einsicht ist. Und dieses irrationale Etwas ist – die Gnade.

Die Lehre von der Gnade behauptet, daß der Mensch allein, aus eigener Einsicht und Kraft, nicht den richtigen Weg gehen kann, sondern daß er von Gott hierzu begnadet, auserwählt sein muß. So lange der Mensch nicht „in der Gnade“ ist, ist er sündhaft. Er ist nicht schuldig in dem Sinne, daß er als Individuum ein Gesetz verletzt hat, das er hätte erfüllen können, sondern er ist eben im Stande der Schuld – seit langem schon – seit dem Sündenfall im Paradies. Aus dieser Schuld kann ihn nur die Gnade befreien; nur die Gnade kann ihn auf den richtigen Weg führen. Es gibt manche Interpretationen Kafkas – christliche wie jüdische (letztere z. B. durch H. J. Schoeps) –, die diesen Weg gehen.

Man kann aber auch ein anderes irrationales „Etwas“ annehmen, das hinzukommen muß, um auf den richtigen Weg zu führen. Man kann aus dem Erlebnis der Verantwortlichkeit, das dem Menschen gegeben ist, folgern, daß

in der sittlichen Entscheidung – neben den Vorschriften der Gesetze und den Motiven der Vernunft – noch ein Element gegeben ist, das weder auf die Natur noch auf die Vernunft zurückgeführt werden kann, sondern gleichsam ein ganz neuer Anfang ist. Es ist ein Akt der Entscheidung, der über die Vernunft hinausgeht, der die Ratio transzendiert; in diesem Schritt liegt die Freiheit – und die Schuld.
Aber Gnade und Freiheit haben eine Voraussetzung gemeinsam; die vollkommen reine, erfüllte, d. h. vollzogene, Konfrontation mit dem Ganzen des jeweils erfaßbaren Weltgeschehens. Wenn der Mensch in dieser Beziehung hinter seinen Möglichkeiten zurückbleibt, verfehlt er den Weg." (Anders, a.a.O., S. 55 ff.)

Erzählcharakter (Legende, Parabel)

Legende

Ob in der Erzählung eine Legende (wie Kafka selber sie einmal nennt) oder eine Parabel zu sehen ist, hängt von der Interpretationshaltung des Lesers ab, wie er Dictandum und Dictum aufeinander bezieht. Das heißt, daß der Leser oder Hörer bemüht ist, eine seiner Erwartenshaltung entsprechende textadäquate Isotopieebene zu finden und dabei feststellt, daß die Bedeutungsleistung des Textes letztlich abhängig ist von den durch ihn eingebrachten Decodierungsweisen. (Vergl. hierzu Fingerhut, a.a.O., S. 70, Anm. 26)
„Die Legende bezieht alle Dinge ‚auf ein und denselben Mittelpunkt, auf Gott. Die Sage verwirrt, belustigt, ängstigt, erregt den Menschen, die Legende klärt und festigt. Die Sage stellt Fragen, die Legende gibt Antworten. Aber ihre Antwort ist dogmatischer Art. Sie systematisiert die einseitigen Entscheidungen und Einflüsse und teilt ihnen eine inhaltlich eng festgelegte Bedeutung zu. ... Die Legende will Wesen und Sinn der jenseitigen Kräfte (und damit auch des diesseitigen Geschehens) endgültig und verpflichtend erklären ... sie will aufrichten, man spürt die Absicht. Sie fordert engen Glauben an die Wirklichkeit des Erzählten wie an die Richtigkeit der Deutung.'" (Max Lüthi, zitiert nach: Braak, Poetik in Stichworten, S. 177)

Von diesem Standpunkt aus kann man in der Erzählung „Vor dem Gesetz“ tatsächlich eine Legende sehen. Mittelpunkt ist das Gesetz, ist Jahve, ist Gott. Der Mann vom Lande versagt vor ihm, obwohl er weiß, daß sein Gebot ist, zum Gesetz zu streben, obwohl er sich sogar gut ausgerüstet hat. Aus freiwilligem Entschluß ist er gekommen, dennoch setzt er Freiheit und Bewußtsein nicht zielstrebig genug ein. Im Bewußtsein erfährt er nicht Gott als Motiv seines Verhaltens, sondern den Türhüter. Nicht das Gesetz, sondern seine persönliche Vorstellung vom Gesetz und zuletzt von der Absicht des Türhüters wird wirksam im Handeln des Mannes vom Lande. Deshalb beginnt er auch zu zweifeln, ob er sich durchzusetzen vermag gegenüber den – scheinbaren – andern Kräften, die sich ihm entgegenstellen werden. Deshalb wendet er sich mit seinen Bitten auch an den Türhüter, statt an das Gesetz. Unfähig, den Willen des Gesetzes zu seinem eigenen Willen zu machen, vermag er sich nicht aufzuraffen zum Vertrauen in das Gesetz und damit in seine persönliche Zukunft.

Parabel

Die Parabel im allgemeinen enthält eine Argumentation, die aus der Fragehaltung der Erzählung erwachsen und auf sie zugeschnitten ist. Die Schwierigkeit des vorliegenden Textes liegt darin, daß im Text bereits die Deutung eines Problems vorhanden ist, ohne daß erkennbar ist, **was** eigentlich gedeutet wird. Parabeln sind primär Deutungen akuter Problemsituationen des Erzählers, werden aber im Laufe der Zeit verfremdet zur Deutung akuter Problemsituationen des Lesers bzw. Hörers. „In dieser Veränderung der hermeneutischen Situation gegenüber dem Gleichnis ist dann wohl auch der Grund zu suchen, daß die Gleichnisse nun als allegorische Rätselreden verstanden werden konnten: sie haben tatsächlich etwas von dem Charakter eines Rätsels gewonnen, das aufgelöst sein will. Und hier, im Auffinden des Bezuges zu unserem Leben, liegt das hermeneutische Kernproblem der Gleichnisexegese und damit das didaktische Kernproblem der Gleichnisbehandlung. Ist dieser Bezug hergestellt, so ist damit all das, was wir als Verfremdung und Deutung der gegebenen Situation in dem „Ansprechen als etwas" beschrieben, schon von selbst geschehen, und es gilt nur noch, den Konsequenzen zu folgen, die das Gleichnis daraus zieht". (Ingo Baldermann, Biblische Didaktik, Hamburg 1964², S. 138)

Wollen wir das Gleichnis verstehen, so müssen wir im Grunde den Vorgang der Verfremdung umkehren; wir müssen den Weg, auf dem das Gleichnis seine damaligen Hörer führte, rückwärts beschreiten. In der gleichen Lage sind wir etwa gegenüber parabolischen Bühnenstücken, die ursprünglich eine akute Frage ansprachen, wie z. B. Max Frischs „Biedermann und die Brandstifter". Je ferner uns die dort vorausgesetzte Fragesituation rückt – die bedrängende Frage, wie es eigentlich zur Herrschaft des Nationalsozialismus mit all ihren Folgen kommen konnte –, desto mehr geht uns die Möglichkeit verloren, hier noch unmittelbar zu verstehen; man versteht das Stück zunächst einmal historisch. Will man mehr, so muß man den Weg der Verfremdung rückwärts beschreiten. Wie kann das geschehen?

Man hat das Bild vor Augen, das einmal eine bestimmte Situation deutete. Und wenn man nun auf die Erfahrungen und Fragen des eigenen Lebens schaut, entdeckt man an irgendeiner Stelle, daß dieses Bild zutrifft, daß es darauf paßt. Und das Bild selbst erteilt uns einen starken Anstoß, daß wir uns um seine Verifizierung in unserer Existenz bemühen müssen. Wer „Biedermann und die Brandstifter" gesehen und gelesen hat, den begleitet von nun an die Frage, wo er selbst denn jetzt wohl sich so biedermännisch zu benehmen im Begriffe ist. Und die Frage kommt nicht zur Ruhe, ehe nicht diese Verifikation gelungen ist. Dabei gibt es vielerlei Abstufungen: von der schmerzhaft klaren Erkenntnis, daß hier genau der Punkt ist, den das Gleichnis anspricht, bis zu dem Ahnen, in welcher Richtung wohl ungefähr die Frage zu suchen ist, auf die das Gleichnis zielt. Aber schon wo dies geschieht, hat wirkliches Verstehen begonnen.

Man kann es so sagen: Die Funktion des Gleichnisses, „etwas anderes als etwas anzusprechen" und so in bestimmter Weise zu deuten, wird hier umgekehrt. In der ursprünglichen Situation kam es darauf an, das „als etwas" zu verstehen, nämlich als was die gegebene

Situation angesprochen wurde; für uns heute dagegen hängt das Verstehen daran, ob wir das „etwas“ erkennen, das hier angesprochen und geschehen wird. (s. Baldermann, a.a.O., S. 138 ff.)

Die Erzähltechnik

Satzbau und Wortwahl

Auffallend sind schon gleich die kurzen einleitenden Sätze des Textes.

> „Vor dem Gesetz steht ein Türhüter.“
> „Zu diesem Türhüter kommt ein Mann vom Lande und bittet um Eintritt in das Gesetz.“
> „Aber der Tüuhüter sagt, daß er ihm jetzt den Eintritt nicht gewähren könne.“

Eigentlich sind diese Sätze nicht nach den Regeln der generativen Transformationsgrammatik zerlegbar, da die Wörter „Gesetz“ und „Türhüter“ verschiedene Kategorien, d. h. verschiedenen abstrakten Ebenen angehören.

> „Zu diesem Türhüter kommt ein Mann vom Lande und bittet um Eintritt in das Gesetz.“
> „Aber der Türhüter sagt, daß er ihm jetzt den Eintritt nicht gewähren könne.“

Auffallend häufig ist der Gebrauch des Wortes „Türhüter“. Durch das Stilmittel der Wiederholung soll auf die Bedeutung dieses Amtes hingewiesen werden. Überhaupt wirkt der Text auch durch andere Wortwiederholungen scheinbar nachlässig bzw. in die Nähe der Kurzgeschichte gerückt. Wiederholung als Anapher findet sich z. B. in folgenden Sätzen:

> „Er vergißt die andern Türhüter ...“
> „Er verflucht den unglücklichen Zufall ...“
> „Er wird kindisch, ...“

Auch in diesem Text werden kaum Adjektive benutzt, wir finden lediglich etwa: große Spitznase, langer, dünner, schwarzer tatarischer Bart, kleine Verhöre, teilnahmslose Fragen, große Herren, einziges Hindernis, unglücklicher Zufall, jahrelanges Studium, erstarrender Körper, vergehendes Gehör.

Der Text mutet an wie ein Filmskriptum, das nur die notwendigsten Anleitungen und Feststellungen enthält. Entsprechend knapp formuliert sind auch die Anweisungen.

> „Vor dem Gesetz steht ein Türhüter."
> „Der Türhüter gibt ihm einen Schemel und läßt ihn seitwärts von der Tür niedersetzen."
> „Dort sitzt er Tage und Jahre."
> „Er macht viele Versuche, eingelassen zu werden, und ermüdet den Türhüter durch seine Bitten."

Kafka sagt nicht, was der Mann vom Lande im einzelnen sagt und tut, wir erfahren auch nicht, wie und wie oft er den Türhüter bittet. Er überläßt die Ausmalung dieser einzelnen Szenen dem Leser. Aus diesem Grunde spielt auch das Verb eine nur untergeordnete Rolle, es ist durchweg allgemein gehalten (stehen, kommen, bitten, sagen, machen, fragen, werden, können). So dominiert in der Erzählung „Vor dem Gesetz" zumindest vom Inhalt her das Substantiv. Kafkas Sprache wirkt statisch. In ihr wird die Zeit paralysiert. Es mag paradox erscheinen – aber gerade dies zwingt Kafka „zugleich zur Ausbildung des außerordentlich langen Satzes: des Satzes, der die Sukzession in einer einzigen gefrorenen Geste zusammenfaßt." (Anders, a.a.O., S. 53)

> „Solche Schwierigkeiten hat der Mann vom Lande nicht erwartet; das Gesetz soll doch jedem und immer zugänglich sein, denkt er, aber als er jetzt den Türhüter in seinem Pelzmantel genauer ansieht, seine große Spitznase, den langen, dünnen, schwarzen tatarischen Bart, entschließt er sich, doch lieber zu warten, bis er die Erlaubnis zum Eintritt bekommt."

In diesem Satz ist die permanente Hilflosigkeit des Mannes vom Lande zusammengefaßt, sie wird nicht etwa zur Motivation weiterer Aktivitäten, sondern im Gegenteil zu einem lähmenden Dauerzustand, der jede Tätigkeit unterbindet und insofern zu einem statischen Annex des Mannes vom Lande. Hier erinnert die Sprache Kafkas an die Sprache eines Protokolls. Noch stärker ist dies in folgenden Sätzen der Fall:

> „Er macht viele Versuche, eingelassen zu werden, und ermüdet den Türhüter durch seine Bitten. Der Türhüter stellt öfters kleine Verhöre mit ihm an, fragt ihn über

seine Heimat aus und nach vielem anderen, es sind aber teilnahmslose Fragen, wie sie große Herren stellen, und zum Schluß sagt er ihm immer wieder, daß er ihn noch nicht einlassen könne."

„Die pedantische Genauigkeit der Feststellung wird gewissermaßen zur Rechtfertigung des in ihr protokollierten Tatbestandes. Sie sagt zwar nicht: ‚Was ist, ist vernünftig'; aber doch: ‚Was ist, ist in Ordnung'. Und welche der beiden Formeln die verderblichere ist, ist schwer zu entscheiden. Was vom Aktenbogen gilt, gilt von Kafkas Sprache: Was sie, im Unterschiede zu sozialkritischer (ja selbst surrealistischer) Literatur darstellt, ist nicht nur das Grauen der Unordnung, sondern auch die **Ordnung des Grauens;** und was sie dem gut Hinhörenden zu verstehen gibt, ist auch das Ja, das sie zu diesem Nein sagt." (Anders, a.a.O., S. 68)

Dramatischer Aufbau

Motor der Handlung ist die gegenseitige Abhängigkeit von Gesetz, Türhüter und Mann vom Lande.
„Die Beziehung zwischen dem Mann auf der einen und Gesetz und Türhüter auf der anderen Seite ist zunächst die von Bitten und Gewähren. Das deutet auf eine Abhängigkeit des Mannes vom Gesetz hin. Auch zwischen dem Türhüter und dem Gesetz besteht ein Abhängigkeitsverhältnis. Er ist von dem Gesetz beauftragt, den Eingang, an dem der Mann Einlaß begehrt, zu hüten. Alle seine Äußerungen müssen daher als mittelbare Stellungnahmen des Gesetzes selbst angesehen werden, so daß sich die Dreierkonstellation letztlich auf die Konfrontation Mann – Gesetz reduzieren läßt; der Türhüter ist lediglich die Personalisierung einer Funktion, nämlich der einer ambivalenten Mischung von Verbot und Aufforderung zur Mißachtung des Verbots, das Gesetz zu betreten. Diese Reduktion vereinfacht die Bauanalyse außerordentlich, sie legt nämlich den Blick frei auf die Konstellationsverschiebung, die den Erzählablauf ausmacht: Der Mann vom Lande kommt in der Absicht, sich Zutritt zu dem Gesetz zu verschaffen. In der Situation des „Vor" läßt er sich aber verführen, mehr auf den Hüter und seine Reden als auf das Gesetz

selbst zu achten. Diese von dem „sirenenhaften" Gesetz verursachte Ablenkung von der ursprünglichen Intention bestimmt den Erzählverlauf bis zum Schluß des „Gesagten". (Fingerhut, Einführung in den Umgang mit Kafkas Prosa ..., a.a.O., S. 39/40)
Motor für die Handlung des Mannes vom Lande in der „Vorfabel", d. h. in dem Zeitraum **vor** Beginn der eigentlichen Erzählung, ist das Gesetz, Motor für seine Handlungsweisen **mit** Beginn der Erzählung ist der Türhüter.

3.3 Ein Hungerkünstler

I n h a l t s a n g a b e

Die Erzählung „Ein Hungerkünstler" gehört zur Sammlung gleichen Namens, die vier Erzählungen umfaßt und 1922 in der Zeitschrift „Die Neue Rundschau" in Berlin erschien. Alle vier – neben dem „Hungerkünstler" gehören dazu „Erstes Leid", „Eine kleine Frau" und „Josefine, die Sängerin, oder Das Volk der Mäuse"; sie erschienen als Sammlung 1924 im Berliner Verlag die Schmiede – behandeln die Problematik des Künstlerlebens.
Die Handlung ist kurz folgende. „Ein ‚Hungerkünstler' erlebt bei seinen Schaustellungen im ‚Käfig', die sein Impressario veranstaltet, am Anfang eine Epoche der großen Erfolge, leidet aber zugleich darunter, daß seine Hungerzeit aus Gründen des langsam erlahmenden Publikumsinteresses auf nur vierzig Tage beschränkt ist. ‚Er hätte noch lange, unbeschränkt lange ausgehalten.' Dem Zeitraum des ‚scheinbaren Glanzes' folgt ein zweiter, ohne den Impressario, als das zur Schau gestellte Hungern aus der Mode gekommen ist. Der Hungerkünstler läßt sich jetzt von einem Zirkus engagieren und möchte am liebsten die Welt durch ein Hungern ohne Ende in Erstaunen setzen. Er tritt aber keineswegs als Glanznummer in der Manege auf, sondern sieht sich draußen in der Nähe der Stallungen ‚an einem im übrigen recht gut zugänglichen Ort' untergebracht. Dort findet er jedoch nur wenig Beachtung und ist, ‚genau genommen, nur ein Hindernis auf dem Weg zu den Ställen'. Mit der Zeit vergißt man ihn fast ganz, sogar die Täfelchen mit der Ziffer der geleisteten Hunger-

tage werden nicht mehr erneuert, so daß nicht einmal er selbst den Umfang seiner Leistung noch kennt. Am Ende entdeckt ihn durch Zufall ein Wärter, der den Käfig für leer hält und zu anderen Zwecken verwenden will. Erstaunt fragt er den immer noch Hungernden, wann er denn endlich damit aufhören wolle. Der bereits erlöschende Hungerkünstler kann nur noch ein letztes Geständnis flüstern. Er hat gehungert, weil er nicht anders konnte, weil er hungern mußte, weil er die Speise nicht fand, die ihm schmeckte. ‚Hätte ich sie gefunden, glaube mir, ich hätte kein Aufsehen gemacht und mich vollgegessen wie du und alle.' Nach seinem Tod wird in den frei gewordenen Käfig ein junger Panther gebracht." (Benno von Wiese, Die deutsche Novelle von Goethe bis Kafka, Düsseldorf o. J., S. 326/327) Eigentlich läßt sich die äußere Handlung in einem einzigen Satz zusammenfassen: Ein Hungerkünstler, der von seinem Impressario nicht mehr gemanagt werden kann, versucht sein Glück bei einem Zirkusunternehmen, erkennt aber auch dort, daß kein Publikumsinteresse mehr vorhanden ist und stirbt enttäuscht und verbittert; in seinem Käfig wird ein Panther untergebracht.

Inhaltlicher Aufbau

Der Text „stellt den Erinnerungsbericht einer anonymen Person vom Niedergang eines Hungerkünstlers dar. Im Ganzen verrät der Bericht eine gewisse Anteilnahme am Schicksal des Hungerkünstlers ... Im einzelnen setzt er sich aus objektiver Tatsachennotiz ..., aus sympathisierender Erwägung ... und aus verständnisheischendem Kommentar zusammen ... Ausgehend von der Gegenüberstellung von früher und jetziger Zeit, gemessen an dem Interesse an Hungerkünstlern, legt der Bericht zunächst die frühere Aufnahme des Hungerkünstlers und seiner Kunst (Fertigkeit) beim Publikum dar. Es wird ausgeführt, daß dem Hungerkünstler früher das teils modische, teils echte, wenn auch begrenzte, so doch überwältigende Interesse aller sicher war, und daß er dieses Publikumsinteresse begrüßte und schätzte, obwohl die sich dabei ergebenden Widerwärtigkeiten dauernd seine Zufriedenheit beeinträchtigten. Daraufhin werden die Hauptphasen des

Niedergangs des Hungerkünstlers dargelegt. Die Menge, die sich bislang am Hungerkünstler und seiner Kunst (Fertigkeit) vergnügte, findet ihr Vergnügen in zunehmendem Maße bei anderen Schaustellungen. Trotz verstärkter Anstrengungen gerät der Hungerkünstler in eine Notlage. Er verliert seine Selbständigkeit und muß sich bei einem Zirkusunternehmen verdingen. Aufgrund seines Standplatzes im Zirkusgelände ist ihm für einige Zeit noch eine gewisse Aufmerksamkeit garantiert, nicht ohne daß ihm zugleich neue Widerwärtigkeiten erstehen. Er muß jedoch bereits das Desinteresse und die Verständnislosigkeit gegenüber seiner Kunst (Fertigkeit) des Hungerns und bezüglich seiner als Hungerkünstler feststellen. Aber nicht nur, daß der Hungerkünstler aus dem Bewußtsein des Publikums schwindet, er schwindet auch aus dem Bewußtsein des Zirkuspersonals. Durch Zufall wird das Personal auf den Sterbenden aufmerksam. Sterbend eröffnet er, weshalb er seiner Kunst zu fanatisch ergeben war. Sein Tod schafft Platz für einen jungen Panther." (Brigitte Flach, Kafkas Erzählungen, Bonn 1972[2], S. 147 f.)
In kurzen Sätzen stellt sich also folgender inhaltlicher Aufbau dar:

Erinnerungsbericht

1. Die frühere Aufnahme des Hungerkünstlers und seiner Kunst beim Publikum.
1.1 Das Aussehen des Hungerkünstlers.
1.2 Seine Wächter.
1.3 Sein Verhältnis zu den Wächtern.
1.4 Seine Selbstreflexionen.
1.5 Sein Impressario.
1.6 Der Rummel am Ende einer Hungerperiode.

Erstes Wiederaufgreifen des Erinnerungsberichtes

1.7 Das Benehmen des Impressarios, wenn sich der Hungerkünstler über das Publikum erregte.

Zweites Wiederaufgreifen des Erinnerungsberichtes

2. Der Niedergang des Hungerkünstlers.
2.1 Der Impressario wird entlassen.
2.2 Der Hungerkünstler verdingt sich bei einem Zirkus.

2.3 Sein Käfig wird in der Nähe der Stallungen untergebracht.
2.4 Die Zirkusbesucher beachten ihn kaum.
2.5 Sein Käfig stellt ein Hindernis auf dem Weg zu den Ställen dar.
2.6 Er wird immer mehr vergessen.
2.7 Ein Aufseher findet zufällig den Sterbenden.
2.8 In seinem Käfig wird ein Panther untergebracht.

Die Haupthandelnden

Der Hungerkünstler

Der Hungerkünstler ist von bleichem Aussehen, was noch durch sein schwarzes Trikot unterstrichen wird. Auf seinem schwachen Hals sitzt ein überschwerer Kopf, der sich kaum allein aufrecht halten kann. Sein Leib ist ausgehöhlt, und die Rippen treten überstark hervor. Er kann nicht schlafen, manchmal dämmert er dahin, manchmal aber – besonders nach einer abgeschlossenen Hungerzeit – fällt er in einen ohnmächtigen Halbschlaf. Sein Wesen erscheint widersprüchlich. Den Besuchern nickt er höflich zu und streckt seinen Arm durch das Gitter, um seine mageren Knochen befühlen zu lassen. Den Wächtern gegenüber aber benimmt er sich reserviert, denn er glaubt sich von ihnen verdächtigt, bei seinem Hungern unehrlich zu sein. Um ihnen seine Korrektheit zu beweisen, ist er bereit, „die Nacht gänzlich ohne Schlaf zu verbringen; er war bereit, mit ihnen zu scherzen, ihnen Geschichten aus seinem Wanderleben zu erzählen, dann wieder ihre Erzählungen anzuhören, alles nur, um sie wachzuhalten, um ihnen immer wieder zeigen zu können, daß er nichts Eßbares im Käfig hatte und daß er hungerte, wie keiner von ihnen es könnte. Am glücklichsten aber war er, wenn dann der Morgen kam und ihnen auf seine Rechnung ein überreiches Frühstück gebracht wurde, auf das sie sich warfen mit dem Appetit gesunder Männer nach einer mühevoll durchwachten Nacht." (S. 189) Am unzufriedensten ist er dennoch mit sich selber, ja, er ist abgemagert aus Unzufriedenheit mit sich. Die Unzufriedenheit nagt an ihm, weil er glaubt, man gönne ihm nicht, der größte Hungerkünstler aller Zeiten

zu sein. Nur aus diesem Grunde, so fürchtet er, lasse man ihn nicht weiterhungern.
„So lebte er mit regelmäßigen kleinen Ruhepausen viele Jahre, in scheinbarem Glanz, von der Welt geehrt, bei alledem aber meist in trüber Laune, die immer noch trüber wurde dadurch, daß niemand sie ernst zu nehmen verstand. Womit sollte man ihn auch trösten? Was blieb ihm zu wünschen übrig? Und wenn sich einmal ein Gutmütiger fand, der ihn bedauerte und ihm erklären wollte, daß seine Traurigkeit wahrscheinlich von dem Hungern käme, konnte es, besonders bei vorgeschrittener Hungerzeit, geschehen, daß der Hungerkünstler mit einem Wutausbruch antwortete und zum Schrecken aller wie ein Tier an dem Gitter zu rütteln begann." (S. 194)
Bei all dem scheint er dennoch nicht den Blick für die Realität zu verlieren. Nachdem er seinen Impressario entlassen hat und zum Zirkus gewechselt ist, nimmt er es als selbstverständlich hin, „daß man ihn mit seinem Käfig nicht etwa als Glanznummer mitten in die Manege stellte, sondern draußen an einem im übrigen recht zugänglichen Ort in der Nähe der Stallungen unterbrachte." (S. 197) Doch die Tatsache, daß er immer weniger Beachtung findet, schmerzt ihn. Er fühlt sich durch die Gleichgültigkeit der Zirkusbesucher, die er als Boshaftigkeit empfindet, um den Lohn der Anerkennung betrogen. Um so überraschender ist der letzte Dialog der Erzählung.

> „Du hungerst noch immer?" fragte der Aufseher, „wann wirst du denn endlich aufhören?" „Verzeiht mir alle", flüsterte der Hungerkünstler; nur der Aufseher, der das Ohr ans Gitter hielt, verstand ihn. „Gewiß", sagte der Aufseher und legte den Finger an die Stirn, um damit den Zustand des Hungerkünstlers dem Personal anzudeuten, „wir verzeihen dir". „Immerfort wollte ich, daß ihr mein Hungern bewundert", sagte der Hungerkünstler. „Wir bewundern es auch", sagte der Aufseher entgegenkommend. „Ihr solltet es aber nicht bewundern", sagte der Hungerkünstler. „Nun, dann bewundern wir es also nicht", sagte der Aufseher, „warum sollen wir es denn nicht bewundern?" „Weil ich hungern muß, ich kann nicht anders", sagte der Hungerkünstler. „Da sieh mal einer", sagte der Aufseher, „warum kannst du denn nicht anders?" „Weil ich", sagte der Hungerkünstler, hob das Köpfchen ein wenig und sprach mit wie zum Kuß ge-

spitzten Lippen gerade in das Ohr des Aufsehers hinein, damit nichts verloren ginge, „weil ich nicht die Speise finden konnte, die mir schmeckt. Hätte ich sie gefunden, glaube mir, ich hätte kein Aufsehen gemacht und mich vollgegessen wie du und alle." Das waren die letzten Worte, aber noch in seinen gebrochenen Augen war die feste, wenn auch nicht mehr stolze Überzeugung, daß er weiterhungere." (S. 201)

Damit scheint er das Scheitern seines Lebens eingestanden zu haben.

Der Impressario

Der Impressario sollte eigentlich die Interessen des Hungerkünstlers wahrnehmen, doch gerade er ist es, der sie am meisten ins Gegenteil kehrt. Am typischsten zeigt sich dies in folgender Szene: Wenn einige Besucher den Hungerkünstler bedauern und ihm erklären wollen, „daß seine Traurigkeit wahrscheinlich von dem Hungern käme", erregte sich der Hungerkünstler ungemein. „Doch hatte für solche Zustände der Impressario ein Strafmittel, das er gern anwandte. Er entschuldigte den Hungerkünstler vor versammeltem Publikum, gab zu, daß nur die durch das Hungern hervorgerufene, für satte Menschen nicht ohne weiteres begreifbare Reizbarkeit das Benehmen des Hungerkünstlers verzeihlich machen könne; kam dann im Zusammenhang damit auch auf die ebenso zu erklärende Behauptung des Hungerkünstlers zu sprechen, er könnte noch viel länger hungern, als er hungere; lobte das hohe Streben, den guten Willen, die große Selbstverleugnung, die gewiß auch in dieser Behauptung enthalten seien; suchte dann aber die Behauptung einfach genug durch Vorzeigen von Photographien, die gleichzeitig verkauft wurden, zu widerlegen, denn auf den Bildern sah man den Hungerkünstler an einem vierzigsten Hungertag, im Bett, fast verlöscht vor Entkräftung. Diese dem Hungerkünstler zwar wohlbekannte, immer aber von neuem ihn entnervende Verdrehung der Wahrheit war ihm zu viel. Was die Folge der vorzeitigen Beendigung des Hungerns war, stellte man hier als die Ursache dar! Gegen diesen Unverstand, gegen diese Welt des Unverstandes zu

kämpfen, war unmöglich. Noch hatte er immer wieder in gutem Glauben begierig am Gitter dem Impressario zugehört, beim Erscheinen der Photographien aber ließ er das Gitter jedesmal los, sank mit Seufzen ins Stroh zurück, und das beruhigte Publikum konnte wieder herankommen und ihn besichtigen.“ (S. 194/195) Der Impressario ist es auch, der dem Hungerkünstler verbietet, mehr als vierzig Tage zu fasten, „und zwar aus gutem Grund. Vierzig Tage etwa konnte man erfahrungsgemäß durch allmählich sich steigernde Reklame das Interesse einer Stadt immer mehr aufstacheln, dann aber versagte das Publikum, eine wesentliche Abnahme des Zuspruchs war festzustellen; ...“ (S. 191)
Indem der Impressario das Tun des Hungerkünstlers verfremdet, gibt er es der Lächerlichkeit preis und vernichtet es. So stellt er z. B. Taschenlampen zur Verfügung, damit man den Hungerkünstler nachts besser sehen kann, oder er stellt am Ende einer Hungerperiode den Hungerkünstler „mit übertriebener Vorsicht“ dem Publikum vor (S. 192 f.). Der Effekthascherei wegen faßt er ihn scheinbar zaghaft um die Taille und übergibt ihn, „nicht ohne ihn im geheimen ein wenig zu schütteln, so daß der Hungerkünstler mit den Beinen und dem Oberkörper unbeherrscht hin und her schwankte“ (S. 192/193), den Anwesenden, die entzückt zugleich lachen und weinen. Um die Emotionen nicht zu überfordern, versucht er andererseits durch Plaudern die Zuschauer vom Hungerkünstler abzulenken und bringt einen Trinkspruch auf das Publikum aus, den ihm der Hungerkünstler angeblich zugeflüstert hat. So versucht er als cleverer Manager aus allen Situationen Kapital zu schlagen, indem er sowohl das Publikum wie auch den Hungerkünstler manipuliert.

Das Textanliegen (Sinn des Textes)

Bei der Interpretation dieser Erzählung bieten sich verschiedene Sinndeutungen an. Nach Benno von Wiese (a.a.O., S. 332 ff.) hat die Geschichte einen gleichnishaften Charakter, der das Sehnen des Menschen nach der Unabhängigkeit vom Materiellen kennzeichnet. Diese Sehnsucht steigert sich zur Vernichtung des Naturhaften und „zeigt auf eine indirekte und zwar grotesk entstellende Weise die auf einem anderen Wege nicht mehr darstellbare, auf Askese gegründete freie geistige Existenz" (v. Wiese, a.a.O., S. 333). Da das Hungern des Hungerkünstlers für andere – die Wächter und das Publikum – nicht nachvollziehbar ist, ist es auch für die Umwelt nicht kontrollierbar. Andererseits erscheint das Hungern dem Publikum als Last, Qual, Schmerz, für den Hungerkünstler ist es jedoch nur ein leichtes Spiel; Qualen und Schmerzen bereiten ihm der Zweifel, das Mitleid und die bewußte Unaufmerksbamkeit z. B. der Wächter. Nach v. Wiese deutet der Hungerkünstler „auf eine Möglichkeit des Menschseins hin, die in der Welt den Punkt außerhalb der Welt schon erreicht hat oder zum mindesten erreichen kann. Darum ist er für Kafka wirklicher als die Welt und ihre Scheinorientierungen. Die Menschen um ihn herum, die ihn feiern, der Impressario, der ihn drastisch herausstellt, die Damen, die im Umgang mit ihm aus einer Peinlichkeit in die andere geraten, der Apparat, der für ihn in Gang gebracht wird bis zu Orchester, Tusch und Trinkspruch; das ist das Unwirkliche, das grotesk Fratzenhafte, Spiegelbild unserer verfremdeten Welt, die der Existenz des Hungerkünstlers keinen Raum läßt oder nur einen abwertenden Scheinraum aufspart. Daher ist auch der Glanz, den er viele Jahre, mit kleinen Ruhepausen, erfährt, nur ein ‚scheinbarer Glanz'. Der Hungerkünstler sieht sich in seinem eigentlichen Dasein durch die vorzeitige Beendigung des Hungerns relativiert. Hier wurzelt seine Traurigkeit, seine Schwermut. Aber die Welt interpretiert gerade diese Schwermut als eine Folge seines Hungerns, . . ." (v. Wiese, a.a.O., S. 335) „Diese Paradoxien sind nur dann ‚komisch', wenn man sich den Standpunkt des Publikums und des Impressarios zu eigen macht. Für eine uneigentliche Welt, die ihre Verfremdung selbst nicht durchschaut, muß der Hungerkünstler ein unmöglicher Narr bleiben. Kafka hat zwar seine eigene Identität mit dem Hungerkünstler sorgfältig verhüllt, aber er will gerade an dieser Figur eine Wahrheit sichtbar machen, die jenseits der Verfremdung liegt und diese als Verfremdung erst aufdeckt. Was im Hungerkünstler als negativ erscheint, die Widerlegung des Vitalen, öffnet zugleich den Zugang zum absoluten und geistigen Dasein, soweit es unter den auch ihm auf-

erlegten Bedingungen noch gelebt werden kann. Das kann nur sichtbar werden, wenn der Hungerkünstler kompromißlos auf seiner Existenz als Hungerkünstler besteht. Daß er immer wieder zurückgeholt wird in das Relative von Raum, Zeit und Nahrung, das ist für ihn das Schwere und Unerträgliche, nicht etwa der freiwillige Verzicht auf jene durch Speise garantierte Selbsterhaltung, die für alle anderen Menschen das Erstrebenswerte ist. Umgekehrt sieht das Publikum in jenem ‚archimedischen Punkt' des Hungerkünstlers nur eine Schimäre, eine Art fixer Idee, vielleicht auch eine Quelle des bloßen Gelderwerbs, und es vermag sich das seltsame Hungerereignis nicht anders vorzustellen, als daß der Hungerkünstler den verständlichen Wunsch hat, nach seiner Hungerzeit so bald wie möglich aus seinem Käfig erlöst zu werden. Dieses fundamentale Mißverständnis zwischen denen, die sich sättigen, und dem, der spielend auf Sättigung verzichtet, ist unaufhebbar. Die für Kafka in keiner Weise komische, sondern tragisch-wahre Existenz des Hungerkünstlers muß für die Welt komisch oder unverständlich werden, ein grotesker Einzelfall, während umgekehrt für Kafka und auch für den Hungerkünstler diese Welt in ihrer Uneigentlichkeit die Züge grotesker, bedrohender Komik annimmt. Für den Hungerkünstler ist die Welt im Zustand der Verfremdung, für die Welt ist es der Hungerkünstler. Indem Kafka beides wechselseitig spiegelt, spricht er eine parabolische Wahrheit aus." (v. Wiese, a.a.O., S. 335 f.)
Für Benno von Wiese ist der Hungerkünstler eine Chiffre Franz Kafkas selber, und er verweist auf eine Tagebucheintragung von 1910 (Tagebücher, New York 1948/49, S. 20 f.; zitiert nach v. Wiese, a.a.O., S. 332): „Waren wir bisher mit unserer ganzen Person auf die Arbeit unserer Hände, auf das Gesehene unserer Augen, auf das Gehörte unserer Ohren, auf die Schritte unserer Füße gerichtet, so wenden wir uns plötzlich ganz ins Entgegengesetzte, wie eine Wetterfahne im Gebirge. ... der Mann steht nun einmal außerhalb unseres Volkes, außerhalb unserer Menschheit, immerfort ist er ausgehungert, ihm gehört nur der Augenblick, der immer fortgesetzte Augenblick der Plage, dem kein Funken eines Augenblicks der Erholung folgt, er hat immer nur eines: seine Schmerzen, aber im ganzen Umkreis der Welt kein zweites, das sich als Medizin auf-

spielen könnte, ..." Raum und Zeit werden auch beim Hungerkünstler auf ein Minimum reduziert, so daß Schmerz und Verzweiflung umso stärker zum Ausdruck kommen. Speise und Trank weichen einem asketischen Willen, dem es nach der echten, wahren Speise gelüstet. Aber gerade darin liegt die Tragik, daß der Körper, solange er raumzeitlich gebunden ist, diese Speise weder verträgt noch mag.
Felix Weltsch (Religion und Humor im Leben und Werk Franz Kafkas, Berlin 1957) sieht wie Herbert Tauber (Franz Kafka, Zürich/New York 1941) die Erzählung „Ein Hungerkünstler" als Beispiel Kafka'schen Humors. Dabei ist Humor nicht gleichzusetzen mit Witz, Lustigkeit, zündendem Gedanken, Lachen, sondern mit einem vielleicht regisniertlächelnden oder auch wissend-lächelnden Darüberstehen, das aus der Distanz die Dinge beobachtet und bejaht. Weltsch verweist dabei auf einen Milena-Brief, in dem Kafka schreibt: „Manchmal verstehe ich nicht, wie die Menschen den Begriff Lustigkeit gefunden haben, wahrscheinlich hat man ihn als Gegensatz zu Traurigkeit nur errechnet." (Weltsch ,a.a.O., S. 79)

Weltsch sieht in der Erzählung vier Sinnstränge:
- Hungern als Sensation und Unterhaltung,
- Hungern als Geschäft und Möglichkeit des Geldverdienens,
- Hungern als Möglichkeit, sich auszuzeichnen und Ehre zu erwerben,
- Hungern aus Ekel vor dem vorhandenen Eßbaren. Dieser Ekel steigert sich bis zum Ekel vor dem Menschen schlechthin.

Diese vier Sinnstränge verwirren sich fortwährend und stoßen aufeinander, z. B. als das Verhältnis des Hungerkünstlers zu seinen Wächtern gekennzeichnet wird, die zumeist Fleischhauer sind und dem Hungerkünstler im Grunde mißtrauen. „Ein Höhepunkt der Verwirrung ist die Schilderung des feierlichen Abschlusses des Hungerns mit der Militärkapelle, den ihn untersuchenden Ärzten und den jungen Damen, die den Erschöpften in ihre Mitte nehmen und sich vor ihm ekeln; und er – auf dem Höhepunkt seiner Leistungen und seines Ruhmes – ist unglücklich darüber, daß er nicht weiter hungern darf, um noch höheren Ruhm einzuheimsen durch das Hungern, das – noch ein Widerspruch – ihm doch so leicht fällt!" (Weltsch, a.a.O., S. 82)

„Das Entscheidende ist nun, daß gerade aus diesen verwirrenden Situationen die Klärung kommt, die plötzliche oder allmähliche Einsicht in das Geflecht der Sinnlinien. Die charakteristische Technik der Erzählung liegt in der ‚Engführung'; der Dichter läßt es dauernd zu Situationen kommen, in denen die Sinnlinien auf das schärfste aufeinanderstoßen. Er erhöht die Gegensätze durch Einbeziehung von Nebenpersonen, die gerade für diese Gegensätze charakteristisch sind (Fleischhauer, Tierfütterung usw.). Und er tut dies alles in einer gewissen überraschenden Weise, indem er uns mit den verwirrenden Situationen gleichsam überfällt, bis uns plötzlich ein Licht aufgeht, das Licht nämlich, das dadurch entsteht, daß wir gerade von diesen Situationen aus in die verschiedenen Sinnlinien hineinblicken können, die zu dieser Situation geführt haben. Dieses plötzliche Licht, diese von Lustsensationen begleitete Befreiung vom Chaos ist es gerade, die für den Humor so charakterisch sind. Was ist vorgegangen? Die rein äußerliche Einheit einer Situation wird so sehr mit Widerspruchs-Spannung geladen, daß sie auseinanderbirst, daß sie als ein kleines Chaos erscheint, bis sie schließlich durch den Einblick in die verschiedenen Situationen, die dazu geführt haben, wieder geordnet wird." (Weltsch, a.a.O., S. 82/83)

Kafkas Humor hat also einen existentiellen Hintergrund, ist ein Suchen nach Sinnbezügen bzw. dem Sinn schlechthin. „Dieses Finden des Sinns geschieht stufenweise; ein Geschehen hat Sinn, wenn wir die nächsthöhere, umfassendere Einheit finden. Aber hinter jeder Einheit steht wieder die Frage nach deren Sinn, das heißt nach der Höheren Einheit." (Weltsch, a.a.O., S. 87) Oft aber ist der Sinn nicht auffindbar, sei es, weil er sich uns nicht offenbaren kann oder will oder aber, weil er nicht vorhanden ist. Es gibt „eine Art des Zusammenbruchs des scheinbaren Sinns einer Rede oder eines Geschehens", so fährt Weltsch (a.a.O., S. 88) fort, „bei der es mit einem Schlage – mitunter auch mit mehreren staccatohaften Schlägen – klar wird, daß dieser Sinn nur scheinbar war, bei der sich uns

plötzlich erhellt, wie es zu diesem scheinbaren Sinn, der sich uns als Unsinn erweist, gekommen ist. Hier leuchtet sozusagen der Sinn einer bestimmten Sinnlosigkeit auf. Dies aber ist die Funktion des Humors. Er deckt falsche Einheiten auf und gibt nun plötzlich oder ruckweise Einblick in die Entstehungsgeschichte des nun sinnlosen Seins. Er zerreißt die falsche Einheit durch Herausstellung eines eklatanten Widerspruchs; ja, er arrangiert geradezu Situationen, in denen dieser Widerspruch besonders kraß hervortritt, bei denen uns der Einblick in den Unsinn des Sinns und damit den Sinn des Unsinns plötzlich oder in überraschenden Stößen offenbar wird. Das liegt schon im kleinen, in der Technik des Witzes, bei dem die scheinbare Einheit einer Wortbedeutung oder einer Situation durch den plötzlichen Einblick in deren doppelte Bedeutung zerrissen wird. Analoges geschieht – auf höherer Ebene – in der humorvollen Darstellung. Hier wird, wie bei der Betrachtung der kafkaschen Weise des Erzählens klar geworden ist, ein Geschehen in mehrfache Sinnlinien aufgelöst, diese Sinnlinien werden dann in Situationen gebracht, in denen sie in schärfsten Widerspruch geraten, in einen Widerspruch, der nun seinerseits wieder dadurch geklärt wird, daß sich gerade durch ihn die Sinnlinien scharf voneinander abheben. Der Widerspruch wird gleichsam durch seine Entstehung geklärt und aufgehoben.
Humorvolle Betrachtung ist demnach Einblick. Dieser Einblick ist gleichzeitig aber auch ein Durchblick. Indem der Betrachter durch die verwirrte Situation hindurchblickt, deckt er die verschiedenen Sinnlinien auf, die zu diesem Wirrwar geführt haben. Doch nicht nur ein Durchblick ist sie, sondern auch ein Überblick. Und das ist das Entscheidende. Der Zusammenhang ergibt sich aus dem größeren Horizont, in dem sich das Geschehen nun abspielt, und der größere Horizont wird erreicht, wenn ein größeres Terrain überblickt wird. Dies geschieht, indem der Beschauer die Landschaft des Geschehens von einem höheren Ort aus überblickt, und diese Betrachtung von einem höher gelegenen Blickpunkt aus bedeutet gleichzeitig eine größere Distanz zum Geschehen. Der Bewußtseins-Inhalt, der verwirrend und fraglich geworden ist, wird in eine umfassende Einheit eingereiht, die erst durch den Überblick – aus der Entfernung also – klar wird. Zwi-

schen Sinn und Distanz besteht mithin eine direkte Proportion: je größer die Distanz, desto größer die Übersicht, desto umfassender die höhere Einheit, desto tiefer der Sinn oder mindestens desto einleuchtender der Einblick in die Entstehung des Unsinns. Die größere Entfernung also ist es, die die Verwirrung entwirrt. Seltsamerweise ist es aber auch umgekehrt, und hier liegt das eigentliche der Humorleistung: Das paradoxe Geschehen selber schafft die Distanz, es schnellt den Betrachter gleichsam in die Höhe, aus der erst die Lösung der paradoxen Situation möglich ist."

Auf die Erzählung bezogen bedeutet dies: Der Sinn des Lebens des Hungerkünstlers ist Unsinn, denn am Ende gesteht er, daß sein Hungern nur aus dem Ekel vor den Speisen entstanden sei. Seine Kunst war also Verstellung. Der Zweifel der Wächter an der Wahrheit des Hungerns stellt sich als berechtigt heraus, allerdings nicht im Sinne der Meinung der Wächter und des Publikums, die dem Hungerkünstler die Möglichkeit verschaffen wollten, **etwas** zu essen. Vielleicht richtet sich der Unwille des Hungerkünstlers gegen die Tatsache, daß sie ihm nicht das **richtige** Essen angeboten haben? Deshalb ist auch das Hungern die leichteste Sache der Welt gewesen. Hat vielleicht der Impressario dies alles durchschaut, und versucht er deshalb das scheinheilige Tun des Hungerkünstlers vor dem Publikum durch Militärkapelle und Reden bloßzustellen? Durchschaut vielleicht der Hungerkünstler seinerseits die Tatsache, daß sein Impressario ihn durchschaut? „Im Grunde verlor der Hungerkünstler den Blick für die wirklichen Verhältnisse nicht." Ist er in Warheit ein Schwindler, der erst am Ende, als er die Aussichtslosigkeit seines Unterfangens einsieht, spricht: „Verzeiht mir alle"? Die Aufforderung des Aufsehers: „Nun macht aber Ordnung!" bedeutet dann die Aufforderung zur Wiederherstellung der Ordnung, die vor dem Auftreten des Hungerkünstlers herrschte: d. h. der Freude am Leben unter Ausschluß einer Freiheit, die sich als Un-Ordnung vollzogen hat. In der Tatsache, solch widersprüchliche Situationen geschaffen zu haben, die den Leser durch Verwirrung und Übertreibung zu einer Distanz-Betrachtung geführt haben und es ihm überlassen, Sinn oder Un-Sinn zu dechiffrieren, liegt der Humor Kafkas.

Eine dritte Möglichkeit der Interpretation ist die Untersuchung der Selbstverwirklichung des Hungerkünstlers. Dazu sind zunächst einige allgemeine Ausführungen notwendig. Nach Sartres Meinung ist das menschliche Sein grenzenlos einsam, jeder **ist,** was er aus sich **macht** (Existenz). Es fehlt die Teilhabe an einem transzendent gebundenen Mitsein (Essens). Während die Essens nach Meinung der christlichen Existentialisten als natura hominis unveränderlich ist, ist die Existenz – da von Raum und Zeit abhängig – veränderlich. Die Grundlage der Existenz ist aber – nach Heidegger – die Lösung von der Sinnlosigkeit, dem Nichts, und das Streben nach dem Sinn.
Da die Existenz aber nie das Sein erreichen kann, wird sie von der Unmöglichkeit her bestimmt, das Sein zu sein. Eine Teilhabe am Sein ist bestenfalls möglich durch die Zielrichtung der Existenz aufgrund einer freien Entscheidung. Jede Entscheidung ist also auf die Zukunft gerichtet. Zukunft und Vergangenheit verschmelzen in ihr zu einer Einheit. Eine solche Entscheidung ist eine echte existentielle Handlung, denn indem sich der einzelne für eine Möglichkeit entscheidet, entscheidet er sich für sich selbst und wählt somit sein Schicksal.
Der Hungerkünstler hat seine Wahl getroffen, indem er sich zum Hungern entschieden hat. Bedeutsam ist aber die Frage nach dem Warum? des Hungerns. Am Anfang hat man den Eindruck, daß er es tut, weil er es **will,** d. h. präzis, weil er Ehre, Ruhm, Unsterblichkeit erwerben will, weil er nach irgendetwas Höherem strebt. Em Ende erfahren wir, daß er hungerte, weil er hungern mußte, da er nicht die Speise hat finden können, die ihm geschmeckt hätte. Hier wird die Neigung des Hungerkünstlers offenbar, sich treiben zu lassen. Warum sucht er nicht nach anderer Nahrung, nach anderen Möglichkeiten des Essens? Er entschließt sich nicht freiwillig zum Hungern, sondern wird vom „Es" des Fatums dazu gezwungen, weil er die Alternative des Suchens nach anderer Nahrung scheut. Es zeigt sich die Unfähigkeit des Hungerkünstlers, das Leben zu meistern. Besonders das Ende der Erzählung offenbart, daß das Leben des Hungerkünstlers nicht – wie er glauben machen wollte – im Dienst an einer selbstgewählten Aufgabe gestanden hat, sondern daß es einem „Anderen" ausgeliefert war. Wer ist dieser „Andere"?

Sartre sagte einmal: „Ich bin in dem Maße Sklave, in dem ich in der Tiefe meines Seins von einer Freiheit abhängig bin, die nicht die meine ist und die doch die Bedingung meines Seins ist" (zitiert nach rowohlts monographie, Nr. 87, a.a.O., S. 50). Dies trifft z. B. auf den Hungerkünstler und seinen Impressario zu, von welch letzterem der Hungerkünstler lange Zeit völlig abhängig ist. Die Entscheidungsfreiheit des Impressarios ist von der des Hungerkünstlers grundverschieden, und dennoch oder gerade deshalb ist dieser von der Entscheidungsfreiheit des Impressarios abhängig. Nur ab und zu bäumt sich der Stolz oder die Scham des Hungerkünstlers gegen die fremde Freiheit auf, und das sind Akte des Wiedererkennens des eigenen Wesens des Hungerkünstlers. Aber auch sie sind nur möglich durch die Tatsache der Gegenwart des „Anderen", sie brauchen den „Anderen", um sich vollziehen zu können. Der „Andere" – sei es der Impressario, ein Wächter, ein Mitglied des Publikums oder ein Zirkusmitglied – ist es, der dem Hungerkünstler den Platz zuweist, den dieser in der Welt einnimmt.
In seinem Werk „Das Sein und das Nichts" (erste vollständige dt. Ausgabe, übers. von Justus Streller, Karl August Ott und Alexa Wagner, Hamburg 1962) spricht Sartre über „den Blick". Fast hat man den Eindruck, er habe dabei an Kafkas Geschichte „Ein Hungerkünstler" gedacht. Sinngemäß schreibt er dort über das „Angeblicktwerden": „Ich verliere meine zentrale Stellung, mit Bestürzung stelle ich fest, daß ich nicht das einzige Zentrum bin, sondern daß der Andere auch Zentrum ist. Ja mehr noch, indem er die Dinge aus meiner Umgebung im Betrachten auf sich zu gruppiert, raubt er mir meine Welt. Ich gehe meiner Welt verlustig. So ist plötzlich ein Objekt erschienen, das mir meine Welt gestohlen hat. Alles ist an seinem Platz, alles ist immer noch für mich da, aber alles ist zugleich durch ein unsichtbares und starres Ausfließen zu einem neuen Objekt hin durchzogen. Das Erscheinen des Anderen in der Welt entspricht also einem starren Entgleiten (meines) gesamten Universums, (bedeutet) eine Dezentrierung der Welt, die die Zentrierung unterhöhlt, auf die ich zugleich aus bin." (Sartre, a.a.O., S. 341) „Der Andere ist also ein Dieb, ein Einbrecher – ja, schlimmer noch, ein Usurpator, denn er raubt mir nicht nur bestimmte Gegen-

stände, sondern er verdrängt mich aus der zentralen Stelle, die ich einnahm. Die Welt, die ich vorher zu besitzen meinte, ist angebohrt und fließt aus, verblutet durch den Blick des Anderen. So ist also dasjenige, was ich das Erscheinen eines Menschen in meinem Mikrokosmos nenne, die Erscheinung eines Elementes der Auflösung meines Mikrokosmos zwischen den Dingen dieses Mikrokosmos. Der Andere, das ist zunächst die beständige Flucht der Dinge auf ein Ziel hin, das ich in einer gewissen Entfernung von mir als Objekt erfasse, was mir aber gleichzeitig insoweit entgeht, als es um sich herum seine eigenen Entfernungen entfaltet. Und diese Auflösung schreitet immer weiter fort ..." (rowohlt monogr. Nr. 87, a.a.O., S. 46)

„Zwei Momente bestimmen das menschliche Sein: die Transzendenz und die Faktizität. Was besagt das? Transzendenz ist das Vermögen des Menschen, sich auf Möglichkeiten zu entwerfen, Möglichkeiten zu wählen und zu verwirklichen. Weshalb nennt Sartre das Transzendenz? Weil ich durch dieses Vermögen nicht ein für allemal auf ein bestimmtes Sein festgelegt bin, sondern jeweils mein Sein (d. h. Existenz) überschreite, nämlich, im Entwurf, den ich vollziehe, bilde. Einem Ding kommt keine Transzendenz zu, es kann nicht seinen gegenwärtigen Zustand übersteigen, es hat nicht die Möglichkeit, sich zu sich selbst zu verhalten.

Faktizität dagegen bezeichnet das Moment desl Festgelegtseins, des Verwirklicht-seins. Zur Faktizität gehört, welcher Nation ich angehöre, was für eine Begabung ich mitbekommen habe – aber auch, was ich bisher verwirklicht habe. ... Faktizität und Transzendenz sind die beiden Gegenspieler im Menschsein, die beide immer wirksam sind." (rowohlt monogr. Nr. 87, a.a.O., S. 49)

Der „Andere" – d. h. der Impressario, die Wächter, die Zuschauer, die Zirkusbesucher und -mitglieder – hat dem Hungerkünstler seine Transzendenz genommen, indem er ihn nur auf die Möglichkeit des Schauhungerns festlegte und ihm jede andere Möglichkeit verweigerte. Der Blick des „Anderen" bedeutet für den Hungerkünstler „eine Verhärtung und Entfremdung seiner eigenen Möglichkeiten" (Sartre, a.a.O., S. 341; zitiert nach rowohlt monogr., a.a.O., S. 49)

„Noch eine Behauptung Sartres muß hier erwähnt werden: Daß das Sich-Selbst-Kennen unbedingt des Anderen bedarf. Warum? Weil ich, um mich zu kennen, mir selbst Objekt werden muß. Das ist aber nur möglich über den Anderen. Ich selbst kann für mich nur Subjekt sein. Um mir selbst zum Gegenstand zu werden, dazu bedarf ich des Umweges über den Anderen, der mir mein Bild zurückwirft, da ich ja für ihn und seine Beurteilung nichts anderes als Objekt bin." (rowohlt monogr. Nr. 87, a.a.O., S. 50)
Auf dem Umweg der Entfremdung hat der Hungerkünstler sich schließlich zu sich selbst gefunden.

Der Erzählcharakter (Erzählung/Novelle)

Erzählung

Kafka nennt „Ein Hungerkünstler" eine Erzählung. Was versteht man unter diesem Begriff? Nach Deppert (Studiengemeinschaft Darmstadt, DET 4, Epik, S. 20) ist „ähnlich wie der Begriff ‚Geschichte' der Begriff ‚Erzählung' im Grunde eine Verlegenheitsformulierung innerhalb der literarischen Begriffe. Er wird zum Sammelbegriff für alle längeren Prosadichtungen, die sich nicht unter Novelle oder Roman einordnen lassen.
Von der Geschichte unterscheidet sie sich durch den Umfang und durch die bewußte Gestaltung – das Arbeiten mit Stilmitteln. Von der Novelle unterscheidet sie, daß sie die Darstellung nicht auf ein Ereignis beschränkt, vom Roman unterscheidet sie die einsträngige Handlung. Ihr fehlt einerseits der straffe Aufbau der Novelle, andererseits fehlt ihr der gestalterische Umfang und die innere Breite des Romans. Sie dezentriert, entfaltet, verweilt, die Vorgänge sind erdacht oder entsprechen wirklichen Ereignissen. Im allgemeinen vermeidet sie jedoch z. B. das Unwirkliche wie das Märchenhafte."
In ihrer Untersuchung „Kafkas Erzählungen, Strukturanalyse und Interpretation" (Bonn 1972[2]) definiert Brigitte Flach den Begriff „Erzählung" wie folgt: „Erzählung ist ein sprachlicher Ausdruck, in dem gegenständliche Intentionalität an eine Intentionalität vermittelt ist, die sich in

diesem sprachlichen Ausdruck allererst expliziert, d. h. ein Ausdruck, dessen wie auch immer bestimmter gegenständlicher Aussagegehalt zugleich dieser oder jener bestimmte Darstellungsgehalt ist. ...
Von der Definition des Begriffs der Erzählung ist es nur ein Schritt zur Definition des Begriffs der Erzählform. – Unter einer Erzählform ist die je besondere strukturale Fixiertheit des Darstellungsgehalts und somit die je besondere Bestimmtheit der Vermittlung, die die Erzählung ist, zu verstehen. Diese Definition deckt sich mit der Kennzeichnung der Erzählform als Bedingung der Darstellung des Gehalts der Erzählung. In Definition wie Kennzeichnung geht es um die je spezifische Art und Weise, in der sich die Erzählintention expliziert." (Flach, a.a.O., S. 16 f.)

So besteht die Erzählung „Ein Hungerkünstler" – nach Flach – wie schon oben dargelegt aus vier Erzählformen:

1. einem Bericht, in dem eine gewisse Anteilnahme am Schicksal des Hungerkünstlers spürbar ist,
2. sympathisierenden Erwägungen,
3. objektiver Tatsachennotiz und
4. schließlich einem verständnisheischenden Kommentar.

Sie sind aber nicht scharf voneinander getrennt, vielmehr überlagern die Erzählformen 2 bis 4 die Erzählform 1. Mit der Darlegung der vier Erzählformen ist der sprachliche Ausdruck umschrieben. Der gedankliche Inhalt, die eigentliche Intention also, die sich im sprachlichen Ausdruck expliziert, betrifft nach Flach (a.a.O., S. 148) „den Widerstreit, der darin besteht, daß der Künstler als Künstler ausschließlich seiner Kunst lebt, und zwar deshalb, weil ihm sonst nichts zusagen mag, daß der Künstler und die Kunst andererseits aber auf ein Publikum und dessen Interesse angewiesen sind, daß also zum wenigsten die Kunstausübung durch Rücksichten auf das Publikum mitbestimmt ist. Ein Künstler, der in seiner Kunstausübung in keiner Weise die Publikumsbezogenheit seiner Kunst berücksichtigt, bringt es zwar zu einem unbedingten Dienst an seiner Kunst, aber er verliert gleichzeitig den Kontakt mit dem Publikum und muß so notgedrungen zugrundegehen." Damit ist zugleich eine vierte Interpretationsmöglichkeit der Erzählung umrissen.

Novelle

v. Wiese sieht in der Erzählung (a.a.O., S. 326) eine Novelle, in der allerdings die Novellenstruktur durch „neue und andersartige Stilformen" durchbrochen ist. Aus diesem Grunde läßt er auch bei der Besprechung des „Hungerkünstlers" „die Frage nach dem spezifisch Novellistischen bewußt beiseite", da eine solche Erörterung „Kafka erneut in ein Schema pressen (würde), das ebensowenig wie andere Schemata geeignet (wäre), seine Erzählform angemessen zu verstehen." (Wiese, a.a.O., S. 326). In der Tat sind die Kennzeichen der Novelle (vergl. hierzu Ivo Braak, a.a.O., S. 212 ff.) kaum erkennbar, bestenfalls trifft die Definition André Jolles zu, welche lautet: „Unter Novelle verstehen wir die Darstellung einer Begebenheit oder eines Ereignisses von eindringlicher Bedeutung, die uns als wahr anmutet. Dieses Ereignis führt uns die Novelle in einer Form vor, in der es uns wichtiger erscheint als die Personen, die es erleben. Auf die Geschichte kommt es an; die Psychologie, die Charaktere der Handelnden und Leidenden interessieren uns nicht an und für sich, sondern nur insoweit das Geschehene durch sie bedingt ist. Dadurch unterscheidet sich die Novelle vom Roman. Goethes ‚Werther' und Mérimées ‚Carmen' zeigen beide inhaltlich, wie ein Mann an seiner Liebe zugrunde geht; aber Goethes Roman schildert den Mann, Mérimées Novelle das Zugrundegehen, der eine gibt einen Menschen und sein Schicksal, der andre das Schicksal und einen Menschen. Selbst ‚Michael Kohlhaas' und ‚Pankraz der Schmoller' sind nicht an erster Stelle die Geschichten des märkischen Roßhändlers und des mürrischen Seldwylers, sondern die Geschichten dessen, was mit ihnen geschehen ist." (zitiert nach Ivo Braak, a.a.O., S. 218) So wird im „Hungerkünstler" die Sinnlosigkeit als Sinnlosigkeit zur Gestalt, und sie wird – wie Georg Lukasz sagt – „von der Form bejaht, aufgehoben und erlöst".

Erzähltechnik

Satzbau und Wortwahl

Die Sprache ist auch in dieser Erzählung protokollarisch und schafft Distanz zum Mitgeteilten. Manche bezweifeln, daß dies von Kafka so gewollt gewesen sei und schreiben die sachliche bzw. spröde Art der Ausdrucksweise seiner sprachlichen Unbeholfenheit in der deutschen Sprache zu. Demgegenüber steht die Behauptung Wagenbachs, Kafka habe die klarste deutsche Prosa geschrieben. Auch Heinz Hillmann (Franz Kafka, in: Deutsche Dichter der Moderne, hrg. v. Benno von Wiese, Berlin 1965, S. 263) rühmt an ihm „die Hinwendung zum Einfachen und Klaren" in sprachlichen Dingen. Zeitlebens bewunderte Kafka die exakte Beobachtung und minutiöse Akribie Flauberts. Wie dieser versucht auch Kafka alles Wirkliche – soweit es notwendig ist – zu berücksichtigen, in einem Satz unterzubringen und damit ein möglichst klares und scheinbar wertneutrales Spiegelbild der Realität zu schaffen. Daß diese nicht nur Ding-Realität zu sein braucht, beweist der nachfolgende Satz:

> „Damals beschäftigte sich die ganze Stadt mit dem Hungerkünstler; von Hungertag zu Hungertag stieg die Teilnahme; jeder wollte den Hungerkünstler zumindest einmal täglich sehn; an den spätern Tagen gab es Abonnenten, welche tagelang vor dem kleinen Gitterkäfig saßen; auch in der Nacht fanden Besichtigungen statt, zur Erhöhung der Wirkung bei Fackelschein; an schönen Tagen wurde der Käfig ins Freie getragen, und nun waren es besonders die Kinder, denen der Hungerkünstler gezeigt wurde; während er für die Erwachsenen oft nur ein Spaß war, an dem sie der Mode halber teilnahmen, sahen die Kinder staunend, mit offenem Mund, der Sicherheit halber einander bei der Hand haltend, zu, wie er bleich, im schwarzen Trikot, mit mächtig vortretenden Rippen, sogar einen Sessel verschmähend, auf hingestreutem Stroh saß, einmal höflich nickend, angestrengt lächelnd Fragen beantwortete, auch durch das Gitter den Arm streckte, um seine Magerkeit befühlen zu lassen, dann aber wieder ganz in sich selbst versank, um niemanden sich kümmerte, nicht einmal um den für ihn so wichtigen Schlag der Uhr, die das einzige Möbelstück des Käfigs war, sondern nur vor sich hinsah

mit fast geschlossenen Augen und hie und da aus einem winzigen Gläschen Wasser nippte, um sich die Lippen zu feuchten.“ (S. 187/188)

Anders ist es in folgendem Beispiel, in dem Kafka möglichst viele Einzelheiten erfassen möchte und die er zunächst in dem Wort „alles“ zusammenfaßt:

„Nun duldete der Hungerkünstler alles; der Kopf lag auf der Brust, es war, als sei er hingerollt und halte sich dort unerklärlich; der Leib war ausgehöhlt; die Beine drückten sich im Selbsterhaltungstrieb fest in den Knien aneinander, scharrten aber doch den Boden, so, als sei es nicht der wirkliche, den wirklichen suchten sie erst; und die ganze, allerdings sehr kleine Last des Körpers lag auf einer der Damen, welche hilfesuchend, mit fliegendem Atem – so hatte sie sich dieses Ehrenamt nicht vorgestellt – zuerst den Hals möglichst streckte, um wenigstens das Gesicht vor der Berührung mit dem Hungerkünstler zu bewahren, dann aber, da ihr dies nicht gelang und ihre glücklichere Gefährtin ihr nicht zu Hilfe kam, sondern sich damit begnügte, zitternd die Hand des Hungerkünstlers, dieses kleine Knochenbündel, vor sich herzutragen, unter dem entzückten Gelächter des Saales in Weinen ausbrach und von einem längst bereitgestellten Diener abgelöst werden mußte.“ (S. 193)

Kafkas Verhältnis zur Sprache ist dialektisch. Die Vielseitigkeit der Dinge, die in ihrer raum-zeitlichen Abhängigkeit ständig Veränderungen unterworfen sind, zwingen den Schreibenden, ihnen – wie Hillmann erklärt (a.a.O., S. 264) – „gleichsam mit den Bezeichnungen nachzueilen, jede Aufhebung der Aussage nurch neue Aussagen wettzumachen. Der Sprechende ist gezwungen, jeder Bezeichnung ein Aber, ein Freilich hinzuzusetzen, er muß die Sprachform des Paradoxes, die Struktur des Einerseits-Andererseits anwenden, ja diese, je komplexer das untersuchte Phänomen ist, ad infinitum fortsetzen.“

„Außer den wechselnden Zuschauern waren auch ständige, vom Publikum gewählte Wärter da ... Es war **aber** das lediglich eine Formalität.
... er war bereit, mit ihnen zu scherzen ... Am glücklichsten **aber** war er, ...
Es gab **zwar sogar** Leute, ... aber das ging **doch** zu weit, und wenn man sie fragte, ob **etwa** ...“

So finden sich im Text fortwährend scheinbare Füllsel wie „allerdings, im Grunde aber, aber dann, zwar, doch, denn, jedenfalls usw." Sie dienen der Einschränkung der Aussage, des Bedenkens, des Anders-auffassens, letzlich auch des Nachdrucks. Die Aufgabe der nachträglichen Reflexion über das Gesagte haben die zahlreichen rhetorischen Fragen, wie z. B.: „Warum gerade jetzt nach vierzig Tagen aufhören? Womit sollte man ihn auch trösten? Was sollte nun der Hungerkünstler tun? ... was war ihnen Hungern?"

„So wird der Erzähler immer von neuem von einer Feststellung zu deren Aufhebung getrieben und greift stets weiter aus, ein Verfahren, das Bense ‚abgehackte Dialektik' genannt hat, weil nur neue Antithesen entstehen, aber keine Synthese gelingt." (Hillmann, a.a.O., S. 265)
Betrachtet man zusammenfassend den Stil Kafkas, so lassen sich drei Grundmomente feststellen:

Dialektik (z. B. Häufung der Antithesen, Gebrauch der Konjunktionen aber, freilich, doch usw.),
Detailzwang (z. B. Aneinanderreihung von Hauptsätzen zu Satzreihen),
Totalitätsstreben (Mischung von Bericht, Tatsachennotiz und Reflexion).

Auffallend ist insgesamt der Gebrauch von kurzen Hauptsätzen, vor allem in Form von Satzreihen, im Wechsel mit langen Schachtelsätzen.

Entsprechend der Intention des Textes ist die Wortwahl, die der Alltagssprache entspricht. Der Ausdruck „gut im Stroh sitzen" erinnert an „gut im Futter stehen", häufig ist das Verbum „sagen", wie überhaupt Wortwiederholungen ganz allgemein vorkommen. Auffallend ist der gar nicht so seltene Gebrauch von Adjektiv-Attributen:

„Ein großer Zirkus mit seiner Unzahl von einander immer wieder ausgleichenden und ergänzenden Menschen und Tieren und Apparaten kann jeden und zu jeder Zeit gebrauchen, auch einen Hungerkünstler, bei entsprechend bescheidenen Ansprüchen natürlich, und außerdem war es ja in diesem besonderen Fall nicht nur der Hungerkünstler selbst, der engagiert wurde, sondern auch sein alter berühmter Name, ja man konnte bei der Eigenart dieser im zunehmenden Alter nicht abnehmenden Kunst nicht einmal sagen, daß ein ausgedienter, nicht mehr auf der Höhe seines Könnens stehender Künstler sich in einen ruhigen Zirkusposten flüchten wollte, im Gegenteil, der Hungerkünstler versicherte, daß er, was durchaus glaubwürdig war, ebensogut hungere wie früher, ja er behauptete sogar, er werde, ... eigentlich erst jetzt die Welt in berechtigtes Erstaunen setzen, ..." (S. 196 f.)

„Und es war kein allzu häufiger Glücksfall, daß ein Familienvater mit seinen Kindern kam, mit dem Finger auf den Hungerkünstler zeigte, ausführlich erklärte, um was es sich hier handelte, von früheren Jahren erzählte, wo er bei ähnlichen, aber unvergleichlich großartigeren Vorstellungen gewesen war, und dann die Kinder, wegen ihrer ungenügenden Vorbereitung von Schule und Leben her, zwar immer noch verständnislos bleiben – was war ihnen Hungern? –, aber doch in dem Glanz ihrer forschenden Augen etwas von neuen, kommenden, gnädigeren Zeiten verrieten." (S. 198 f.)

Die Adjektive dienen jedoch weniger der Anschaulichkeit als der Nachdrücklichkeit der gesamten Aussage wie dies auch die relativ farblosen Verben tun. Die wichtigste Wortart ist das Substantiv.

Dramatischer Aufbau

Betrachtet man den Handlungsaufbau der Erzählung näher, so ergibt sich folgendes Bild:

I Anteilnehmender Bericht
II Objektive Tatsachennotiz
III Sympathisierende Erwägungen
IV Kommentar

Von der Aussageabsicht her gehören II, III und IV zusammen. Es ist demnach ein dialektischer, antithetischer Aufbau von Tatsachennotiz (II) und Kontext (I, III, IV) feststellbar, der weniger auf eine Steigerung der Handlung als auf die Steigerung der subjektiven Anteilnahme des Lesers ausgerichtet ist. Text und Kontext erinnern an Schauspiele von Becket und Ionesco und wecken Assoziationen an antike Schauspiele, die durch Chöre unterbrochen werden. Der Leser weiß längst, daß es nicht gut gehen kann, auch der Hungerkünstler ist realistisch genug, doch erfährt er

die Grausamkeit des Schicksals erst endgültig mit seinem Wechsel zum Zirkus. Die Bejahung dieses über ihn verhängten Schicksals durch den Hungerkünstler erinnert an Schiller'sche Dramen, wo die Helden durch die „moralische Kultur" befähigt werden, das ihnen zufallende Los nicht nur anzunehmen, sondern auch zu überwinden, indem sie es zum scheinbar selbstgewählten Geschick machen.
Die Möglichkeit der Frage nach Sinn oder Sinnlosigkeit des Lebens beweist den zutiefst tragischen Kern der Erzählung. Diese Frage ist es, die den Hungerkünstler einerseits und den Leser andererseits zu zwei miteinander ringenden Parteien macht und die Spannung zwischen Vernunft und Unvernunft, Sinn und Widersinn erzeugt. Wäre diese Spannung nicht, so entstünde Stillstand und unerträgliche Langeweile.
Die Erzählung gerät zwar durch den pessimistischen Grundcharakter in bedenkliche Nähe des Nihilismus, doch wird die Handlung motiviert durch die Erkenntnis des Unfaßbaren, des Wissens um die Unzulänglichkeit des menschlichen Tuns, das Gefühl der Hilflosigkeit und wird dadurch zur Groteske. Peripetie und Katastrophe fallen zusammen, „die Darstellung des Unverständlichen erzeugt einen Schock und ein erzwungenes Lachen. Das Groteske enthüllt in greller Weise die polare Lebensspannung und schließt die Qual und Ratlosigkeit in sich ein. Die Gegensätze treten schroff und schmerzlich zutage und werden nicht wohltuend überspielt. Das Gefühl der Sicherheit und Geborgenheit geht verloren. Das Bild des Menschen erscheint gespalten, nach psychoanalytischer Bezeichnung schizoid. Der Mensch wird als zwiespältig und absurd gekennzeichnet. Seine Erlebnisse gehören nicht mehr dem Bereich des Intellekts und der Logik an." (Ludwig Büttner, Zur Besprechung tragischer Dichtungen im Unterricht und Seminar, in: Blätter f. d. Deutschlehrer, 4/1966, Diesterweg-Verlag, S. 106f.) Er wird scheinbar zur Puppenfigur, zum Clown und bewirkt gerade dadurch die Katharsis des Lesers oder Hörers.

4. Methodisch-didaktische Unterrichtsvorschläge

4.1 Das Urteil

Sachanalyse

„Die faszinierende Wirkung, die bis heute von Franz Kafkas Prosa ausgegangen ist und die vielleicht noch nicht einmal ihren Höhepunkt erreicht hat – nicht nur in Deutschland, sondern in ganz Europa und in Amerika –, hängt sicher auch mit dem befremdend Neuartigen eines Stils zusammen, der sich weitgehend den überlieferten Kategorien der Literaturkritik und Ästhetik entzieht. Selbst so beliebte Unterscheidungen wie Allegorie und Symbol verlieren ihre Überzeugungskraft, auch die Bestimmungen des Komischen und des Tragischen reichen nicht aus, um eine Prosa zu deuten, von der man erst einmal aussagen muß, ob sie wirklich oder überwirklich oder keines von beiden ist. Es braucht kaum hinzugefügt zu werden, daß man auch nach den typischen Mitteln novellistischen Erzählens: „unerhörte Begehenbeit", „Falke", „Silhouette", „Wendepunkt" und so weiter bei Kafka mehr oder weniger vergeblich suchen wird, weil sie für seine Erzählform nicht charakteristisch sind. Wohl bietet sich die Ausflucht an, Kafkas Prosa mit modischen Begriffen aus der Moderne zu umreißen, als „Surrealismus", „Nihilismus" oder gar „Existentialismus", aber auch das ist nur die Umschreibung einer Verlegenheit, ja, unter Umständen sogar ausgesprochen irreführend." (Benno von Wiese, Die deutsche Novelle von Goethe bis Kafka, Düsseldorf 1956, S. 325)

Basisinformation

Folgende Begriffe sind zu klären bzw. zu wiederholen:

literarische Begriffe:

Falke, unerhörte Begebenheit, Surrealismus, Nihilismus, absurd, grotesk, episches Theater, Tragödie und Komödie, Parabel.

biographische Daten:

Inhalt	Methode
Jugend- und Gymnasialzeit	Schülerreferat
Erste dichterische Tätigkeit	Schülerreferat
Die Verlobungen	Schülerreferat
Zusammenfassung und Herausstellung der Bedeutung des Jahres 1912	Lehrerreferat Papers

Didaktische Analyse

Motivation

Das erste Motivieren soll durch Schockieren bewirkt werden. Diesem Zweck dient zunächst die häusliche Lektüre des Textes, ohne daß durch den Lehrer Lesehilfen in Form von erschließenden Fragen gegeben werden. Im Laufe der Besprechung wird die Aufmerksamkeit wachgehalten durch Hinweise auf die scheinbare Diskrepanz von Sprache und Anliegen, auf die „Modernität" Kafkas und die Möglichkeiten, ihn vielfältig zu interpretieren. Alle Begriffe, die erläutert werden, sind zu verdeutlichen durch Tafelbilder. Soweit dies möglich ist, werden zur Erklärung der Begriffe Parallelen zu anderen Dichtern – auch des Auslandes – wie den Expressionisten, Dadaisten, Sartre, Camus, Joyce, Becket gezogen.

Lernziele

cognitiv:
Die Schüler sollen in das Wesen des Kafka'schen Erzählens und seiner dichterischen Wirklichkeit eingeführt werden. Der Unterschied zwischen Novelle und Erzählung wird herausgearbeitet, desgl. die Wirkung des Stilmittels der Verfremdung.
Es wird der Vater-Sohn-Gegensatz als dichterisches Motiv

affektiv:
Die Schüler sollen im Sinne einer existentiellen Betroffenheit erkennen, daß die Seinsblindheit Folge des Egoismus ist und die menschliche Reife darin besteht, daß

der einzelne den Bannkreis des Ich zu sprengen und sich der Wahrheit zu öffnen vermag.

Operationalisierung

Verlauf und Methoden

	Inhalt	Methode	Medien
1.	Lektüre	Einzelarbeit zu Hause	Fischer-Taschenbuch Nr. 19 o. ä.
2.	Herausarbeitung der Handlungs-schwerpunkte	Gruppenarbeit, Brainstorming, Gesprächsleiter sammelt Beiträge u. trägt sie vor	Folien, Flip-over oder Tafel
3.	Besprechung der Ergebnisse	Plenums-diskussion	Folien, Flip-over Tafel
4.	Charakteristiken der Hauptpersonen (Georg, Vater, Freund) Gegensatz: Vater-Sohn	Gruppenarbeit, Brainstorming, Gesprächsleiter sammelt Ergebnisse u. trägt sie vor	Folien, Flip-over Tafel
5.	Besprechung der Ergebnisse	Hearing und Erörterung	
6.	Text-interpretation	Gruppenarbeit, team-teaching, Erarbeitung von Kurzreferaten anhand erschließender Fragen (vom Lehrer an die Gruppen verteilt): I. Die Verfremdung der Wirklichkeit 1. Welcher Teil der Erzählung scheint in der uns vertrauten realen Welt zu spielen?	Taschenbuch, Papers

Inhalt	Methode	Medien
	a) Welchen Eindruck gewinnt man von den Überlegungen, die Georg anstellt? b) Welches Bild des fernen Freundes entsteht vor uns? 2. An welcher Stelle begegnet uns zum erstenmal das Absurde? 3. Wird damit der Boden der empirischen Realität völlig verlassen? 4. Schildern Sie die fortschreitende Verfremdung! II. Vom Sinn der Verfremdung 1. Welche überraschende Frage des Vaters erhellt blitzartig den Sinn der Begegnung zwischen Vater und Sohn? 2. Was bedeutet unter dem Gesichtspunkt der Wahrheit der reale Teil der Erzählung, was der absurde? 3. Wie sind unter diesem Gesichtspunkt die Überlegungen Georgs zu beurteilen? Aus welchem Grund schreibt er dem Freund die Wahrheit? 4. Worin besteht der Gegensatz zwischen Georg und seinem Freund? 5. Das Gericht a) Was bedeutet der Gang Georgs ins Zimmer des Vaters? b) Wie erscheint ihm der Vater? Welchen Eindruck haben wir von seiner Sprache und seinen Gebärden? c) Worin wird die Überlegenheit des Vaters sichtbar? Worauf gründet sie sich? d) Wie steht der Vater zu seinem Sohn, wie zu dem Petersburger Freund? e) Wie verhält sich der Sohn im Verhör des Vaters?	

	Inhalt	Methode	Medien
		f) Welche Schuld Georgs erkennen wir aus der Anklage des Vaters? g) Was bedeutet das Urteil des Vaters? h) Wie deuten Sie den überraschenden Vollzug des Urteils? 6. Welche menschliche Grundsituation stellt sich in dem inneren Erleben Georgs dar? (Die Fragen stammen aus: Zimmermann, a.a.O., S. 109 f.)	
7.	Kafkas Stil	Einzelarbeit, Lehrgespräch	Taschenbuch, Tafel
8.	Dramatischer Aufbau des Textes, Vergleich mit Brecht und Dürrenmatt	Gruppenarbeit, Gesprächsleiter sammelt Ergebnisse u. trägt sie vor	Taschenbuch, Papers
9.	Zusammenfassung: a) Kafkas Leben b) Historischer Hintergrund c) Textanliegen d) K. als parabolischer Erzähler e) K's dramatischer Stil f) K's weltanschaulicher Hintergrund	Lehrervortrag, Gespräch	Papers (werden verteilt), auf denen die Zusammenfassung schriftlich fixiert ist
10.	Kurzfilm „Der verlorene Sohn“		
11.	Auswertung, Transfer	Gespräch	Kleine Bücherausstellung

Medien und Materialien

Es wird vorgeschlagen, zusätzlich zum Fischer-Taschenbuch unter anderem noch zu benutzen:

Kurzfilm, Der verlorene Sohn,
Flip-over zum Beschreiben,
Overhead-Projektor und Leerfolien zum Beschreiben,
verschiedenfarbige Filzstifte (abwischbar),
folgende Bücher sollten zur Ansicht ausgelegt werden:
Werner Zimmermann, Deutsche Prosadichter der Gegenwart, Bd. III (in ihm steht S. 93 ff. eine Interpretation des „Urteils"),
Jean Paul Sartre, Was ist Literatur? rde Nr. 65 ,
Max Brod, Franz Kafka, eine Biographie, Fischer-Verlag,
Bertolt Brecht, Schriften zum Theater, Bibliothek Suhrkamp,
Klaus Wagenbach, Kafka, Rowohlt-Bildmonographie Nr. 91,
ferner die Romane Kafkas in einer beliebigen Ausgabe.

Texte

Bertolt Brecht

Dramatische Form des Theaters	Epische Form des Theaters
handelnd	erzählend
verwickelt den Zuschauer in eine Bühnenaktion	macht den Zuschauer zum Betrachter, aber
verbraucht seine Aktivität	weckt seine Aktivität
ermöglicht ihm Gefühle	erzwingt von ihm Entscheidungen
Erlebnis	Weltbild
Der Zuschauer wird in etwas hineinversetzt	er wird gegenübergesetzt

Dieses Schema zeigt nicht absolute Gegensätze, sondern lediglich Akzentverschiebungen. So kann innerhalb eines Mitteilungsvorgangs das gefühlsmäßig Suggestive oder das rationell Überredende bevorzugt werden.

Suggestion	Argument
Die Empfindungen werden konserviert	werden bis zu Erkenntnissen getrieben
Der Zuschauer steht mittendrin, erlebt mit	Der Zuschauer steht gegenüber, studiert
Der Mensch als bekannt vorausgesetzt	Der Mensch ist Gegenstand der Untersuchung
Der unveränderliche Mensch	Der veränderliche und veränderte Mensch
Spannung auf den Ausgang	Spannung auf den Gang
Eine Szene für die andere	Jede Szene für sich
Wachstum	Montage
Geschehen linear	in Kurven
evolutionäre Zwangsläufigkeit	Sprünge
Der Mensch als Fixum	Der Mensch als Prozeß
Das Denken bestimmt das Sein	Das gesellschaftliche Sein bestimmt das Denken
Gefühl	Denken

Friedrich Dürrenmatt

Tragödie und Komödie

Die Aufgabe der Kunst soweit sie überhaupt eine Aufgabe haben kann, und somit die Aufgabe der heutigen Dramatik ist, Gestalt, **Konkretes zu schaffen. Dies vermag vor allem die Komödie. Die Tragödie, als gestrengste Kunstgattung, setzt eine gestaltete Welt voraus. Die Komödie** – sofern sie nicht Gesellschaftskomödie ist wie bei Molière –, **eine ungestaltete, im Werden, im Umsturz begriffene, eine Welt, die am Zusammenpacken ist wie die unsrige. Die Tragödie überwindet die Distanz.** Die in grauer Vorzeit liegenden Mythen macht sie den Athenern zur Gegenwart. **Die Komödie schafft Distanz,** den Versuch der Athener, in Sizilien Fuß zu fassen, verwandelt sie in das Unternehmen der Vögel, ihr Reich zu errichten, vor dem Götter und Menschen kapitulieren müssen.

Das Mittel nun, mit dem die Komödie Distanz schafft, ist der Einfall. Die Tragödie ist ohne Einfall. Darum gibt es auch wenige Tragödien, deren **Stoff** erfunden ist. Ich will damit nicht sagen, die Tragödienschreiber der Antike hätten keine Einfälle gehabt, wie dies heute etwa vorkommt, doch ihre unerhörte Kunst bestand darin, keine nötig zu haben. Das ist ein Unterschied. Aristophanes dagegen lebt vom Einfall. Seine Stoffe sind nicht Mythen, sondern **erfundene Handlungen,** die sich nicht in der Vergangenheit, sondern in der Gegenwart abspielen. Sie fallen in die Welt wie Geschosse, die, indem sie einen Trichter aufwerfen, die Gegenwart ins Komische, aber dadurch auch ins Sichtbare verwandeln. **Das heißt nun nicht, daß ein heutiges Drama nur komisch sein könnte. Die Tragödie und die Komödie sind Formbegriffe, dramaturgische Verhaltensweisen, fingierte Figuren der Ästhetk, die Gleiches zu umschreiben vermögen.** Nur die Bedingungen sind anders, unter denen sie entstehen, und diese Bedingungen liegen nur zum kleineren Teil in der Kunst.

Die Tragödie setzt Schuld, Not, Maß, Übersicht, Verantwortung voraus. In der Wurstelei unseres Jahrhunderts, in diesem Kehraus der weißen Rasse, gibt es **keine Schuldigen und auch keine Verantwortlichen mehr.** Alle können nichts dafür und haben es nicht gewollt. Es geht wirklich ohne jeden. Alles wird mitgerissen und bleibt in irgendeinem Rechen hängen. **Wir sind zu kollektiv schuldig, zu kollektiv gebettet in den Sünden unserer Väter und Vorväter.** Wir sind nur noch Kindeskinder. **Das ist unser Pech, nicht unsere Schuld:** Schuld gibt es nur noch als persönliche Leistung, als religiöse Tat. **Uns kommt nur noch die Komödie bei.** Unsere Welt hat ebenso zur Groteske geführt wie zur Atombombe, wie ja die apokalyptischen Bilder des Hieronymus Bosch auch grotesk sind. **Doch das Groteske ist nur ein sinnlicher Ausdruck, ein sinnliches Paradox, die Gestalt nämlich einer Ungestalt, das Gesicht einer gesichtslosen Welt,** und genauso wie unser Denken ohne den Begriff des Paradoxen nicht mehr auszukommen scheint, so auch die Kunst, unsere Welt, die nur noch ist, weil die Atombombe existiert: aus Furcht vor ihr.

Doch ist das Tragische immer noch möglich, auch wenn die reine Tragödie nicht mehr möglich ist. **Wir können das Tragische aus der Komödie heraus erzielen, hervorbringen**

als einen schrecklichen Moment, als einen sich öffnenden Abgrund, so sind ja schon viele Tragödien Shakespeares Komödien, aus denen heraus das Tragische aufsteigt.
Nun liegt der Schluß nahe, **die Komödie sei der Ausdruck der Verzweiflung,** doch ist dieser Schluß nicht zwingend. Gewiß, wer das Sinnlose, das Hoffnungslose dieser Welt sieht, kann verzweifeln; **doch ist diese Verzweiflung nicht eine Folge dieser Welt, sondern eine Antwort,** die er auf diese Welt gibt, **und eine andere Antwort wäre sein Nichtverzweifeln,** sein Entschluß etwa, die Welt zu bestehen, in der wir oft leben wie Gulliver unter den Riesen. **Auch der nimmt Distanz, auch der tritt einen Schritt zurück, der seinen Gegner einschätzen will,** der sich bereit macht, mit ihm zu kämpfen oder ihm zu entgehen. Es ist immer noch möglich, den mutigen Menschen zu zeigen.
Endlich: **Durch den Einfall, durch die Komödie wird** das anonyme Publikum **als Publikum erst möglich,** eine Wirklichkeit, mit der zu rechnen, aber die andern berechnen ist. **Der Einfall verwandelt die Menge der Theaterbesucher besonders leicht in eine Menge, die nun angegriffen, verführt, überlistet werden kann,** sich Dinge anzuhören, die sie sich sonst nicht so leicht anhören würde. **Die Komödie ist eine Mausefalle, in die das Publikum immer wieder gerät und noch geraten wird. Die Tragödie setzt eine Gemeinschaft voraus,** die heute nicht immer ohne Peinlichkeit als vorhanden fingiert werden kann. (Zitiert nach: Wort u. Sinn, Lesebuch f. d. Deutschunterr., Oberstufe, Paderborn o. J., S. 495 f.; Fettdruck durch den Verf.)

Das Gleichnis vom Sämann,
entnommen: Literatur, Lese- und Arbeitsbuch für den Deutschunterricht auf der Oberstufe, Bd. 1, Dichterische Texte, Hirschgraben-Verlag, Frankfurt 1970, S. 288 f.

„Gleichnisse und Parabeln gehören zur allgemeinen und besonders zur religiösen Bildersprache, wo sie sich zur Veranschaulichung der übersinnlichen Wirklichkeit gut eignen. Sie sind deshalb ein natürliches Stilmittel in der volkstümlichen Predigt und Literatur aller Religionen. Das Gleichnis ist ein erweiterter Vergleich und hat im Unterschied zur Metapher eigenes Leben und eine gewisse Selbständigkeit gewonnen. Die Bild- und Sachseite decken sich nicht wie in der Allegorie, sondern als wesentliches

Moment gilt der Vergleich, das sog. tertium comparationis. Metapher („Frühling des Lebens" für Jugendzeit) und Allegorie setzen das Bild statt der Sache, Vergleich („klug wie Schlangen") und Gleichnis neben die Sache.
Die Parabel ist ein zur Erzählung erweitertes Gleichnis, die Fabel schließlich eine durch den Inhalt bedingte Sonderart der Parabel, indem das Bild aus dem Tier- und Pflanzenleben genommen wird.
Das Wort Gleichnis kann in der neutestamentlichen Terminologie den weiten Sinn des alttestamentlichen ‚masal' haben: prägnante, irgendwie bildhafte Formulierung eines in sich geschlossenen Gedankens, z. B. auch ein Sprichwort (Lk. 4, 23; 6, 39; Mk. 7, 15). Im allgemeinen wird das Wort nur verwendet, wo eine Geschehnisfolge bildhaft geschildert wird. In der neutestamentlichen Forschung wird zum Teil Gleichnis und Parabel unterschieden; man spricht von Gleichnis, wo ein regelmäßiger Vorgang, von Parabel (oder Gleichniserzählung), wo eine erdichtete Geschichte als Bildhälfte dient.
Nach der sog. Gleichnistheorie des Markusevangeliums wirken die Gleichnisse Verstockung der Außenstehenden (Mk. 4, 11 f.; Mt. 13, 10 f.; Lk. 8, 9 f.). Der in Mk. 4, 11 f. benutzte Einzelspruch hatte wohl etwa den Sinn, daß das Wirken Jesu nur den Glaubenden zur Offenbarung wurde, den übrigen aber rätselhaft – nur Gleichnis – blieb und dadurch zum Ärgernis und Gericht wurde."
(Aus: Die Religion in Geschichte und Gegenwart, Handbuch für Theologie und Religionswissenschaft, Tübingen 1958).

Als aber viel Volk zusammenkam und ihm aus den Städten die Leute zuströmten, sprach er im Gleichnis:
„Ein Sämann ging aus, seinen Samen zu säen; und als er säte, fiel einiges auf den Weg und wurde zertreten, und die Vögel des Himmels fraßen es auf.
Anderes fiel auf das Gestein, und als es aufging, verdorrte es, weil es keine Feuchtigkeit hatte.
Anderes fiel mitten unter die Dornen, und die mit aufwachsenden Dornen erstickten es.
Anderes aber fiel auf gutes Erdreich, ging auf und gab hundertfache Frucht."
Als er dies gesagt hatte, rief er: „Wer Ohren hat zu hören, der höre!"

Da fragten ihn seine Jünger, was dies Gleichnis bedeute. Er sprach: „Euch ist es gegeben, die Geheimnisse des Gottesreiches zu verstehen; den übrigen aber werden sie in Gleichnissen mitgeteilt, so daß sie ‚sehend nicht sehen und hörend nichts verstehen' (Is. 6, 9). Dies aber bedeutet das Gleichnis: Der Same ist das Wort Gottes. Die auf dem Weg sind jene, die hören; dann kommt der Teufel und nimmt das Wort weg von ihrem Herzen, so daß sie nicht glauben und gerettet werden. Die auf dem Gestein sind jene, die das Wort mit Freude aufnehmen, wenn sie es hören; aber sie haben keine Wurzel; für den Augenblick glauben sie, aber in der Stunde der Versuchung fallen sie ab.
Was unter die Dornen fiel, das sind jene, die wohl hören, aber dann hingehen und von den Sorgen, dem Reichtum und den Genüssen des Lebens erstickt werden und nicht zur Reife kommen.
Das auf dem guten Erdreich, das sind jene, die das Wort mit einem edlen und guten Herzen hören und bewahren und Frucht tragen in Beharrlichkeit."

Kurzfilm:

Das biblische Gleichnis vom verlorenen Sohn

Das Gleichnis vom verlorenen Sohn gehört zu den bekanntesten Erzählungen aus der Bibel. Es ist im Evangelium nach Lukas (und nur dort) im Kapitel 15, Vers 11–32, aufgezeichnet. An seiner Authenzität ist nie gezweifelt worden. In der Form einer Kurzgeschichte enthält es einen wesentlichen Kern der Verkündigung Jesu von Nazareth: Gott freut sich über die Heimkehr des Verlorenen, und er will, daß alle anderen sich ebenso darüber freuen.
Ausleger haben darauf hingewiesen, daß es besser das „Gleichnis von den beiden verlorenen Söhnen" heißen sollte. Denn der ältere Sohn geht im Laufe der Geschichte dem Vater ebenso „verloren" wie der jüngere Sohn. War es beim Jüngeren der Drang, unabhängig vom Vater zu sein, „in Freiheit" sein eigenes Leben zu führen, der ihn von seinem Vater getrennt hat, so ist es beim älteren Sohn der Zorn darüber, daß der Vater diesen Taugenichts wie-

der liebevoll und alles verzeihend wie einen Sohn mit Freuden aufnimmt. Er würde lieber den Maßstab seiner eigenen Tüchtigkeit und seines Gehorsams angelegt sehen. (Sobald dieser Maßstab gilt, ist klar, wer von den beiden Brüdern der „bessere" ist.) Gott aber, der in der Gestalt des Vaters dargestellt ist, hat nie aufgehört, den Verlorenen ebenso wie den Erbosten als seine Söhne zu lieben, und er geht beiden nach.
Der Erzbischof von Canterbury, Dr. Donald Coggan, hat einmal gesagt, das Gleichnis könne auch „das Gleichnis vom verlorenen Vater" genannt werden. Denn beide Söhne haben – auf jeweils verschiedene Weise – den Vater verloren. Der läßt sie aber nicht los und geht ihnen nach, um sie wieder mit sich und miteinander zu vereinen. Ob es das selbstgewählte Exil des „fernen Landes" ist oder das selbstgewählte Exil des Enttäuscht- und Beleidigtseins, die Kluft wird in beiden Fällen nur dadurch überbrückt und Gemeinschaft wird nur dadurch wiederhergestellt, daß sich der Vater untypisch verhält und – in völligem Gegensatz zur orientalischen Vorstellung davon, wie sich ein Vater, der von seinen Söhnen brüskiert wird, zu verhalten hat – sich erniedrigend beide Söhne wieder zu sich in ein Verhältnis des Vertrauens zurückholt. Indem der Film die Geschichte der beiden Söhne um diesen Vater nachzeichnet, versucht er, diese zentrale Botschaft des Gleichnisses deutlich zu machen.

1 Verwendung des Films in verschiedenen Gruppen

Lotte Reinigers Schattenspielfilme sprechen sowohl zu Erwachsenen wie zu Kindern. Auch dieser Film wird sich hinsichtlich Altersquerschnitt und Bildungsebene bei „einheitlichen" Gruppen (Schulklassen, Gruppen im Kindergottesdienst) wie bei gemischten Gruppen (Familienfreizeiten, Familiengottesdienst mt Eltern und Kindern) gleichermaßen verwenden lassen. Bei Kindern ist vor allem an den Religionsunterricht und an den Konfirmationsunterricht zu denken. Mit Erwachsenen kann der Film sowohl im Zusammenhang mit einer Bibelarbeit über das Gleichnis (oder die Gleichnisreihe aus Lukas 15) – als Einleitung und Gesprächseröffnung oder als Zusammenfassung –

eingesetzt werden oder aber auch, von einer Aussprache über den Text Lukas 15 getrennt, als Anspiel zu einem Gespräch über jenes Kapitel Theologie, das von Gottes Erbarmen, von der Rechtfertigung des Sünders, von der Annahme des Verlorenen („ohn all' mein Verdienst und Würdigkeit") und vom Verzicht auf das Pochen auf Gott wohlgefällige Werke spricht.
Wegen seiner Kürze kann der Film auch in Programmen eingesetzt werden, die andere Elemente (Lesungen, Gespräche, Lieder etc.) enthalten – etwa bei einem Gemeindeabend oder bei einem Fest.

2 Ansätze für das Gespräch

Die am leichtesten zugänglichen Gesprächsansätze ergeben sich, wenn man der Frage nachgeht, wie die drei Hauptfiguren dieser Gleichniserzählung geschildert sind.

Der Vater

Was er tut, ist entwürdigend. Er versucht nicht, den jüngeren Sohn zurückzuhalten, als dieser sich vom Vaterhaus distanzieren will. Er geht auf den völlig ungewöhnlichen Vorschlag ein, noch zu seinen Lebzeiten das Erbe zu teilen (als ob er schon tot wäre!). Er rennt der heimkehrenden Elendsgestalt entgegen. Er unterbricht die Selbstanschuldigung des Gescheiterten, statt sie genüßlich anzuhören („Das konnte nicht gut gehen, ich habe es ja kommen sehen"!). Er setzt die verkrachte Existenz wieder in das Sohnesrecht ein. Er verläßt das Haus, um den zornigen älteren Sohn zu bewegen, doch an dem Fest teilzunehmen (in orientalischen Ländern ist es eine unerhörte Beleidigung, wenn der Sohn nicht an dem Fest teilnimmt, das sein Vater gibt). Dieser Vater tut, was ihn entwürdigt und lächerlich macht – aus Liebe, um seine beiden Söhne wieder zusammenzuführen.

Der jüngere Bruder

Er wollte sein Glück machen, war aber zu ungeschickt und glücklos dazu (seine Verschwendungssucht und die Hungersnot im fremden Land kommen zusammen). Sein Motiv für die Umkehr ist äußerst dünn: er geht, weil er Hunger hat, und weil die Knechte seines Vaters wenigstens nicht hungern. Er rechnet nicht damit, noch als Sohn anerkannt zu werden. Er sieht sein Leben vor sich, in dem die Mitknechte mit Schadenfreude darauf hinweisen werden, daß er einmal etwas Besseres war. Als der Vater ihn dennoch wieder aufnimmt, steht er vor einer neuen Einsicht: der Vater liebt ihn, nicht weil er erfolgreich war (er haßt ihn auch nicht, weil er Mißerfolg hatte), sondern weil er sein Sohn ist, trotz allem. Nicht was einer **tut,** sondern was einer **ist,** gibt den Ausschlag.

Der ältere Bruder

Er ist mit Recht ungehalten, weil bei dieser Art von Liebe der Fleiß diskriminiert und die Verschwenderei gutgeheißen wird. Er hatte Grund dazu, sich für besser zu halten. Das will er sich nicht nehmen lassen. Seine moralische Entrüstung über seinen Bruder und die vergebende Liebe des Vaters: das geht nicht zusammen. Als der Vater auch ihm entgegenkommt und ihn bittet, dieses Fest doch mitzufeiern, muß er etwas Neues lernen: Der Vater will nicht nur **einen** Sohn haben. Keiner ist Gottes einziges Kind.

Zur Einführung

Ein Hinweis auf die Technik des Schattenspielfilms ist bei diesem Film nicht nur angebracht, sondern fast unerläßlich. Das kann mit ein paar Worten getan werden; es läßt sich aber auch in einer anschaulicheren Art darstellen. Auch wenn derjenige, der in den Film einführt, nicht künstlerisch begabt ist, kann er mit einer Schere aus einem großen Bogen dünnen Kartons ein Profil schneiden. Dann kann er schildern, wie eine ganze Figur mit Hals, Schultern, Rumpf, Armen und Beinen aus solchen Kartonstücken geschnitten wird und, wie diese Stücke mit einem dünnen Draht miteinander verbunden und als Figur beweglich gemacht werden. Schließlich kann sich diese Figur zusammen mit anderen Schattenspielfiguren vor einem ebenfalls ausgeschnittenen Hintergrund bewegen. Je anschaulicher diese kleine technische ‚Ansage' (und je improvisierter der rasch ausgeschnittene Schattenriß des Ansagers als Demonstrationsmaterial ist), desto deutlicher wird den Zuschauern, mit welcher Kunst diese Technik in diesem Film angewendet worden ist.

3 Zur Eröffnung des Gesprächs

Der Film schließt mit dem Bild des Hauses und der es umgebenden Landschaft – nur ist es Abend geworden, und aus den hell erleuchteten Fenstern hört man die Musik des Festes.
Hier kann das Gespräch einsetzen, nämlich mit der Frage: Was haben die beiden Söhne an diesem Abend neu hinzugelernt?
Mit dieser Frage würde das Gespräch genau an der Stelle einsetzen, an der die Gleichnisreihe vom Verlorenen und Wiedergefundenen im Zusammenhang des Lukas-Evangeliums steht, d. h. an der Gesprächssituation, in der Jesus seine Freunde über die Umkehr der Verlorenen vor den Zuhausegebliebenen, den Rechtschaffenen, den ‚älteren Brüdern' zu rechtfertigen hat. Auch heute gibt es Menschen, die das Gesetz Gottes peinlich genau und freudlos zu halten versuchen, und Leute, die sich durch ihre Art zu leben von der Gemeinschaft mit Gott getrennt haben. Gott will beide wieder haben.

4 Zur Entfaltung des Gesprächs

Hier wird es gut sein, die pastorale Umwelt des Gleichnisses in die Lebenswirklichkeit heutiger Zuschauer zu übersetzen:
– Was steht in unserem Leben für das ‚fremde Land', in das der jüngere Sohn auswandert? Hat das Gleichnis etwas mit unserem Drang nach Freiheit und Selbstverwirklichung zu tun und, wenn ja, was sagt es darüber aus?
– Wie vollzieht sich Heimkehr? (Umkehr, ‚Bekehrung', Metanoia). Wodurch wird der ‚verlorene Sohn' veranlaßt, sich ‚aufzumachen und zu seinem Vater zu gehen'? Welche Schuld erkennt und bekennt er?

– Warum freut sich der Vater über die Heimkehr dieses Sohnes? Ist daraus, daß er ihn schon von weitem kommen sieht, zu lesen, daß er nicht aufgehört hat, auf ihn zu warten? Warum hat er ihn überhaupt von zu Hause weggehen lassen?
– Was ist an der zornigen Reaktion des älteren Bruders berechtigt? Wann reagieren wir genau so? Was geschieht, wenn Gott so gar keine Unterschiede macht?
– Hat das Gleichnis etwas zu tun mit dem Motto der Vollversammlung des oekumenischen Rates der Kirchen 1975 in Nairobi, Kenya: ‚Jesus Christus befreit und eint'?

5 Weitere Gesichtspunkte zum Gespräch

– Ein Mitarbeiter eines christlichen Rundfunkstudios in Westafrika, der das Gleichnis als Hörfolge für den Rundfunk in der Hausa-Sprache zu bearbeiten hatte, kam zum Direktor des Studios mit der Frage, ob er denn wirklich alles, was in der Bibel steht, übersetzen und in seiner Hörfolge verwenden müsse. Auf die Gegenfrage, warum das denn schwierig sei, sagte er: „Der alte Mann benimmt sich so unmöglich, daß kein mohammedanischer Hausa-Mann, der etwas auf seine Würde gibt, ihn ernstnehmen kann. Das wird die biblische Botschaft insgesamt in Verruf bringen, wenn in der Bibel ein solcher Mann geschildert wird." Aus dem darauf folgenden Gespräch ergab sich, daß diese „Unwürdigkeit" der springende Punkt im Verhältnis Gottes zu allen seinen verlorenen Söhnen ist.
– In einer Arbeitswoche des Weltbundes der Bibelgesellschaften in Taivan wurde als Kontrast-Text zu diesem Gleichnis eine Geschichte in drei Briefen entwickelt, die in einer Lesung auf einer anderen akustischen Ebene auch als Kontrapunkt aufgenommen wurde. Brief 1: Ein Sohn sagt in einer kurzen Notiz, er gehe von zu Hause weg. Er müsse sein eigenes Leben suchen. Brief 2: Der Vater beklagt sich verbittert bei einem Freund über die Undankbarkeit der Jugend. Sein Sohn, der über Nacht verschwunden sei, brauche gar nicht mehr zu kommen; er sei für ihn so gut wie tot. Brief 3: Der Pfarrer eines Hospitals in Indien berichtet vom Tod eines jungen Mannes, der von Mitgliedern einer Kommune junger Leute, die an der Küste

leben, in das Krankenhaus eingeliefert wurde. Sein Familienname war nicht bekannt, keine Adresse – auch nicht die seiner Eltern – bei ihm zu finden. Läßt sich eine solche Kontrastgeschichte unter den Voraussetzungen der speziellen Zuschauergruppen entwickeln? – Ein amerikanischer Grafiker schlägt vor, das Gleichnis in einem Kurzfilm von ein paar Sekunden wie folgt darzustellen: Puzzle-Teile mit der Aufschrift „You“ und „Me“ (Du und ich) suchen einander und finden erst zu einer Einheit zusammen, als ein drittes Stück mit der Aufschrift „God“ (Gott) dazukommt. Die drei Puzzlestücke, die nun einen Kreis bilden, drehen sich und bilden das neue Wort „Joy“ (Freude). Wäre das eine sinnvolle Darstellung des Gleichnisses und seines Sinns?

6 Materialien

Das Gleichnis vom „verlorenen Sohn“, Lukas 15, 11–32

Jesus erzählte weiter: „Ein Mann hatte zwei Söhne. Der jüngere sagte zu seinem Vater: ‚Gib mir den Teil der Erbschaft, die mir zusteht!‘ Da teilte der Vater seinen Besitz unter den beiden auf. Nach ein paar Tagen machte der jüngere Sohn seinen ganzen Anteil zu Geld und zog in die Fremde. Dort lebte er in Saus und Braus und verjubelte alles. Als er nichts mehr hatte, brach in jenem Land eine große Hungersnot aus; da ging es ihm schlecht. Er fand schließlich Arbeit bei einem Bürger jenes Landes, der schickte ihn zum Schweinehüten aufs Feld. Er war so hungrig, daß er auch mit dem Schweinefutter zufrieden gewesen wäre; aber selbst das verwehrte man ihm. Endlich ging er in sich und sagte sich: ‚Die Arbeiter meines Vaters bekommen mehr als sie essen können, und ich werde hier noch vor Hunger umkommen. Ich will zu meinem Vater gehen und zu ihm sagen: Vater, ich bin vor Gott und vor dir schuldig geworden; ich verdiene es nicht mehr, dein Sohn zu sein. Laß mich als einfacher Arbeiter bei dir bleiben!‘
So machte er sich auf den Weg zu seinem Vater. Der sah ihn schon von weitem kommen, und voller Mitleid lief er ihm entgegen, fiel ihm um den Hals und küßte ihn. ‚Vater,‘

sagte der Sohn, ‚ich bin vor Gott und vor dir schuldig geworden, ich verdiene es nicht mehr, dein Sohn zu sein!' Aber der Vater rief seine Diener: ‚Schnell, holt das beste Kleid für ihn, steckt ihm einen Ring an den Finger und bringt ihm Schuhe. Holt das Mastkalb und schlachtet es. Wir wollen ein Fest feiern und uns freuen! Mein Sohn hier war tot, jetzt lebt er wieder. Er war verloren, jetzt ist er wiedergefunden.' Und sie begannen zu feiern.
Der ältere Sohn war noch auf dem Feld. Als er zurückkam und sich dem Haus näherte, hörte er das Singen und Tanzen. Er rief einen der Diener herbei und fragte, was denn da los sei. Der sagte: ‚Dein Bruder ist zurückgekommen, und dein Vater hat das Mastkalb schlachten lassen, weil er ihn gesund wieder hat.' Da wurde der ältere Bruder zornig und wollte nicht ins Haus gehen. Schließlich kam der Vater heraus und redete ihm gut zu. Aber der Sohn sagte zu ihm: ‚Du weißt doch: all die Jahre habe ich wie ein Sklave für dich geschuftet, nie war ich dir ungehorsam. Was habe ich dafür bekommen? Mir hast du nie auch nur einen Ziegenbock gegeben, damit ich mit meinen Freunden feiern konnte. Aber der da, dein Sohn, hat dein Geld mit Nutten durchgebracht; und jetzt kommt er nach Hause, da schlachtest du gleich ein Mastkalb für ihn.' ‚Mein Sohn,' sagte der Vater, ‚du bist immer bei mir, und dir gehört alles, was ich habe. Wir konnten doch gar nicht anders als feiern und uns freuen. Denn dein Bruder war tot, jetzt ist er wieder am Leben! Er war verloren, aber jetzt ist er wiedergefunden!'"

7 Daten zum Film

Der verlorene Sohn
Schattenspielfilm
Großbritannien 1974
Farbe
Produktion: Primrose Productions (London) im Auftrag des Evangelischen Bibelwerks (Stuttgart) und des Fachbereichs Film, Bild, Ton im Gemeinschaftswerk der Evangelischen Publizistik (Frankfurt)

Regie: Lotte Reiniger
Musik: Freddie Philipp
Sprecher: Günther Sauer
Länge: 13 Min.
Verleih: Medienstelle der Ev.-Luth. Kirche in Braunschweig. Medienzentrale der Evang. Landeskirche in Württemberg, Stuttgart. (Voraussichtlich demnächst: Matthias-Film, Stuttgart, und andere Evangelische Medienzentralen)

8 Quellennachweis

Der Text des Abschnittes „Kurzfilm" stammt von Ulrich Fick und ist erschienen als „Arbeitshilfe-Kurzfilm", hrsg. v. dem Gemeinschaftswerk d. Evgl. Publizistik, Fachbereich Film, Bild, Ton, 6000 Frankfurt/Main, Friedrichstr. 34 und dem Filmdienst der evgl. Kirchen der Schweiz, 3007 Bern, Bürenstr. 12

4.2 Vor dem Gesetz

Sachanalyse

„Die Helden Kafkas gehen den Weg der Routine, des ‚Dahinplätscherns' in Beruf und Gewohnheit, und sie werden zurückgerufen. Ganz deutlich drückt Kafka das Janouch gegenüber aus, als dieser ihn fragt: Was ist Sünde? – Sünde ist das Zurückweichen vor der eigenen Sendung. Mißverstehen, Ungeduld und Lässigkeit – das ist Sünde. Der Dichter hat die Aufgabe, das isolierte Sterbliche in das unendliche Leben, das Zufällige in das Gesetzmäßige hinüberzuführen.
Das ist in Wahrheit Kafkas ‚Lehre'. Er kämpft gegen die kleinen Erleichterungen, gegen die Kurzschlüsse, gegen die Ungeduld. So, wie der Mensch in seinem Routine-Leben es sich vorstellt, geht es nicht. Darüber werden die Helden Kafkas dauernd belehrt. Man sagt im ‚Schloß' zu S.: Du hast bestimmte Vorstellungen mitgebracht ... aber im Schloß hat man ganz andere Vorstellungen. Sie lassen sich mit deinen nicht vereinen.

Die Menschen wollen gleich oder rasch am Ziele sein. Sie ‚bedrängen das Ende', wie ein jüdisches Wort sagt. Sie suchen den Weg mit trügerischen Mitteln, durch Protektionen, Frauen und Mittelspersonen, und kommen immer zu neuen Niederlagen, die ihnen zeigen, daß es immer nur Kurzschlüsse waren. Und so scheint einer der aufschlußreichsten Aphorismen Kafkas dieser zu sein:

Alle menschlichen Fehler sind Ungeduld, ein vorzeitiges Abbrechen des Methodischen, ein scheinbares Einpfählen einer scheinbaren Sache.
Und noch eindringlicher:
Es gibt zwei menschliche Hauptsünden, aus welchen sich alle anderen ableiten. Ungeduld und Lässigkeit. Wegen der Ungeduld sind sie aus dem Paradies vertrieben worden, wegen der Lässigkeit kehren sie nicht zurück. Vielleicht gibt es aber nur eine Hauptsünde: Die Ungeduld. Wegen der Ungeduld sind sie vertrieben worden, wegen der Ungeduld kehren sie nicht zurück.
Man sollte sich bei jeder Interpretation Kafkas überhaupt an die Worte halten, die er im ‚Prozeß' sagen läßt:
Ich zeige dir nur die Meinungen, die darüber bestehen. Du mußt nicht zuviel auf Meinungen achten. Die Schrift ist unverständlich, und die Meinungen sind oft nur ein Ausdruck der Verzweiflung darüber.
Und:
Sei nicht übereilt, übernimm nicht die fremde Meinung ungeprüft. Ich habe dir die Geschichte im Wortlaut der Schrift erzählt. Von Täuschung steht darin nichts. Das Ergebnis: Die Konfrontation steht im Mittelpunkt, nicht die Richtung des Weges. Es wäre aber ein arges Mißverständnis, zu glauben, daß Kafkas Lehre Entscheidungslosigkeit, eine Art Neutralismus sei. Das Gegenteil ist der Fall. Alles kommt auf die Entscheidung an; aber diese ist nur dann eine echte Entscheidung, wenn sie aus der Spannung einer echten Konfrontation, eines aufrechten ‚Gegenüberstehens' kommt. So wie es bei Kafka heißt: Starker Regenguß. Stelle dich dem Regen entgegen, laß die eisernen Strahlen dich durchdringen, gleite in dem Wasser, das dich fortschwimmen will, aber bleibe doch, erwarte so, aufrecht, die plötzliche und endlos einströmende Sonne." (Weltsch, a.a.O., S. 76/77)

Basisinformation

Folgende Fakten sind zu klären bzw. zu wiederholen:

Literarische Fakten

Vom Sinn des Schreibens
„Das also war der Sinn seines ‚Schreibens': Selbstbefreiung und gleichzeitig Darstellung seines Welterlebnisses, mittelbar und ergreifend durch die Zaubermacht der Form.
Kafka war es um die Gestaltung der Situation zu tun, nicht um einen Ausweg aus der Situation; wenigstens in seinen Romanen. Nicht eine Lösung will der Dichter, sondern eine Verdichtung. Bei Günther Anders heißt es von Kafka: ‚Hätte er eindeutig gewußt, in welcher Richtung sein Ausweg lag, so hätte er ‚nur' als Gläubiger, oder ‚nur' als Weiser, oder ‚nur' als Tendenzdichter gegolten. Da er aber verzweifelt zweifelt, bleibt er noch immer in jener Dimension der Neutralität, die wir als die Dimension der Künstleraussage anzusehen gewohnt sind.'
Das ist nun tatsächlich richtig, aber ganz falsch wäre es, von einer ‚Flucht in die Ästhetik' zu reden, als ob Kafka dem Problem in seiner ganzen Schwere ausgewichen wäre und es ‚auf das ästhetische Geleise abgeschoben hätte'. Ganz das Gegenteil ist der Fall. Dieser Weg in die Ästhetik – wenn man es schon so nennen will – war ein ethischer Weg. Und hier mündet das Problem in ein Allgemeines und Höheres. Man kann nicht sagen, er war kein Philosoph und kein Heiliger, sondern ‚nur' ein Dichter. Das ist ein falscher Gegensatz. Denn er hat – als Dichter – eine religiöse Aufgabe erfüllt. Er hat ein neues Sein in unser Bewußtsein gehoben, er hat eine ganz neue Wirklichkeit ans Licht gebracht, ebenso folgenschwer für die Erkenntnis des Philosophen wie für die Glaubenstat des Heiligen.
Man kann die Situation – um in der Kafka so naheliegenden ‚amtlichen' Symbolik zu bleiben – in einfache juristische Begriffe übersetzen: einer jeden richterlichen Entscheidung hat die ‚Tatbestandsaufnahme' voranzugehen. Zuerst muß man wissen, was ist, dann kann man entscheiden, was rechtens ist. Je genauer und gewissenhafter

diese Tatbestandsaufnahme erfolgt, desto mehr Chancen hat der Richter, ein richterliches Urteil zu sprechen. Gewiß ist die Tatbestandsaufnahme selber noch keine Entscheidung; aber sie ist ein wichtiger richterlicher Akt. Und darum ist die Erweiterung, Klärung und Gestaltung unserer existentiellen Problematik ein religiöser Akt." (Weltsch, a.a.O., S. 74/75)

Zusammenfassend ist – in Form eines Brainstormings – zu wiederholen, **warum** Kafka schrieb:

Selbstbefreiung, Selbstdarstellung, Darstellung seines Weltbildes, Verzweiflung, Seins-Bewußtsein, Erfassung von Fakten	homo religiosus
Gefesseltsein durch die Form, Gestaltung der Situation (um ihrer selbst willen?), keine Flucht in die Ästhetik, Bedeutung der Ästhetik, Spiel mit der Wirklichkeit	homo ludens

Biographische Daten

Lebensdaten bis 1914, getrennt nach Jugend- und Gymnasialzeit/Universitätsjahre,
Prager Umwelt und Sprache (nach Wagenbach, a.a.O., S. 38 ff.)
Die beiden Verlobungen (ebd., S. 88 ff.)
Der Prozeß (ebd., S. 95 ff.)
Kierkegaards Weltanschauung (insbesondere Spannung der Gegensätze Welt-Gott, Wirklichkeit-Ideal, Augenblick-Lebenstotalität, Zeit-Ewigkeit, Glauben-Wissen; vergl. hierzu: Hans Joachim Störig, Kleine Weltgeschichte der Philosophie 2, S. 187 ff., Fischer Handbuch 6136)

Didaktische Analyse

Motivation

Das bei Kafka immer wieder vorkommende Grundmotiv lautet: „Es gibt Erlösung, nur nicht für mich." „Alles herrlich, nur nicht für mich." (Weltsch, a.a.O., S. 19) Als Kafka

„Vor dem Gesetz“ schrieb, stand er unter dem Eindruck seiner Entlobung mit Felice Bauer und hatte ein starkes Schuldbewußtsein. Max Brod schreibt dazu (a.a.O., S. 178/179): „Ich glaube nicht fehlzugehen, wenn ich in diesen furchtbaren Erschütterungen, in denen Kafka immer wieder die Gewissensfrage an sich selbst stellt (‚Solche Leiden tragen müssen und verursachen‘, klagt das Tagebuch), den Ursprung zweier neuer großer Werke suche, die bald nach der Entlobung entstanden. Im September las er mir das erste Kapitel des Romans ‚Der Prozeß‘ und im November ‚Aus einer Strafkolonie‘ vor. Dokumente dichterischer Selbstbestrafung, imaginierte Sühnehandlungen. Was K., der Held des Prozeßromans, getan hat, wird nicht gesagt. Nach bürgerlichen Maßen ist er wohl unschuldig. Es läßt sich ‚nichts oder nicht viel gegen ihn sagen‘. Dennoch ist er ‚teuflisch in aller Unschuld‘. Irgendwie hat er den Gesetzen eines richtigen Lebens nicht genügt. Von einem geheimnisvollen Gerichtshof wird er zur Rechenschaft gezogen, und schließlich wird die Exekution an ihm vollzogen. ‚Am Vorabend seines einunddreißigsten Geburtstages‘, heißt es im Schlußkapitel. Tatsächlich war Kafka, als er den Roman begann, einunddreißig Jahre alt. Ein Mädchen taucht mehrmals in dem Buch auf, Fräulein Bürstner, im Manuskript bezeichnet Kafka diese Gestalt meist abgekürzt als Frl. B. oder F. B., und da wird der Zusammenhang wohl ganz klar. Zum Schluß wehrt sich K. noch gegen die Häscher. ‚Da stieg vor ihnen aus einer tiefer gelegenen Gasse auf einer kleinen Treppe Fräulein Bürstner zum Platz empor. Es war nicht ganz sicher, ob sie es war, die Ähnlichkeit war freilich groß. Aber K. lag auch nichts daran, ob es bestimmt Fräulein Bürstner war, bloß die Wertlosigkeit seines Widerstandes kam ihm gleich zum Bewußtsein.‘ – Es ist tatsächlich nicht wichtig, ob die Erscheinung Fräulein Bürstner oder nur ihr ähnlich ist. Der ganze mißlungene Eheversuch war ja, wie sich noch zeigen sollte, für Kafkas Leben als Schema und nicht individuell bedeutsam, war unabhängig von der Person der Braut, – oder war vielmehr ein Schema, das, wie das letzte Lebensjahr zeigte, nur durch eine besonders geartete Frauenpersönlichkeit durchbrochen werden konnte.“ ... „Es ist erstaunlich, daß seine Schöpferkraft inmitten dieser Heimsuchungen nicht versiegt. Aber sie stand vielmehr gerade in jener

Zeit in Blüte. Am 13. Dezember vollendet er die ‚Exegese der Legende'; so charakterisiert er selbst das Kapitel, das ich dann als neuntes (vorletztes) des ‚Prozeß' veröffentlicht habe, — und sagt im Tagebuch darüber aus: „... Zufriedenheits- und Glücksgefühl, wie ich es besonders der Legende (‚Vor dem Gesetz') gegenüber habe ...'" (Brod, ebd., S. 182/183)
Es läßt sich hier eine Parallele zu Goethes Verhältnis mit Friederike Brion nachzeichnen. Beide verlassen das geliebte Mädchen, weil sie sich zur Ehe untauglich fühlen. Während aber dies bei Goethe zur Überwindung der gezierten Rokoko-Literatur durch die Erlebnisdichtung des Sesenheimer Liederbuches führt, flüchtet sich Kafka — auch sprachlich — in die Distanz des „Prozesses", ein bezeichnenderweise unvollendet gebliebenes Werk.

Lernziele

cognitiv

Es werden die parabolischen Formen der Literatur wiederholt. Sie gehören — nach Braak (a.a.O., S. 150) — zur Lehrdichtung und umfassen

- die Beispielerzählung,
- die Fabel,
- die Parabel,
  - a) Biblische Parabel,
  - b) Didaktische Parabel,
  - c) Verrätselte Parabel,
  - d) Absurde Parabel.
- das Spruchgedicht,
- das Gleichnis,

Die Grenzen zwischen den einzelnen Formen sind fließend.

affektiv

In seinen Aphorismen, die von Max Brod im 6. Band der ersten Auflage der Schriften Kafkas unter dem Titel „Betrachtungen über Sünde, Leid, Hoffnung und den Weg" veröffentlicht wurden, schreibt Kafka: „Manchmal scheint es so: du hast diese Aufgabe, hast zu ihrer Ausführung soviel Kräfte als nötig sind ... Wo ist das Hindernis für das Gelingen der ungeheuren Aufgabe? Verbringe nicht die Zeit mit dem Suchen des Hindernisses, vielleicht ist keines da." (zitiert nach Weltsch, a.a.O., S. 72)

Über diesen Aphorismus soll die Klasse nach der Methode der „Metapher-Meditation“ reflektieren. Das kann in folgender Form geschehen:

Metapher-Meditation

1. Phase. Der Lehrer trägt den Aphorismus vor und wiederholt nach einer Pause noch einmal den letzten Satz: „Verbringe nicht die Zeit mit dem Suchen des Hindernisses, vielleicht ist keines da.“ Er fordert die Klasse auf, hierzu Metaphern zu suchen.
2. Phase. Einzelarbeit, keine Gespräche.
3. Phase. Meditation der Metaphern. Der Lehrer sammelt die Blätter mit den notierten Metaphern ein und liest einige vor.
4. Phase. Es kann sich ein Gespräch anschließen, sehr locker geführt, noch aus der Meditationssphäre heraus, etwa mit den Fragen: Welche Metaphern haben mir gefallen? Welche habe ich nicht verstanden, welche lehne ich ab?
Bedeutung. Die Metapher-Meditation weckt die Kreativität im sprachlichen Bereich. (Zitiert nach: Bruno Dörig, Kreativität – praktisch, Impulse zur Methodik der Gruppenarbeit, Basel 1974, S. 40/41)

Operationalisierung

Verlauf und Methoden

	Inhalt	Methode	Medien
1.	Lektüre	Einzelarbeit zu Hause	Fischer-Taschenbuch Nr. 19 o. ä.
2.	Herausarbeiten der Handlungsschwerpunkte	Gruppenarbeit, Brainstorming, Gesprächsleiter sammelt Beiträge und trägt sie vor	Folien, Flip-over oder Tafel
3.	Besprechung der Ergebnisse	Plenumsdiskussion	Folien, Flip-over, Tafel

	Inhalt	Methode	Medien
4.	Charakteristiken der Hauptpersonen (Mann vom Lande, Türhüter)	Gruppenarbeit, Brainstorming, Gesprächsleiter sammelt Ergebnisse und trägt sie vor	Folien, Flip-over, Tafel
5.	Besprechung der Ergebnisse	Hearing und Erörterung	
6.	Textinterpretation	Gruppenarbeit: Symposium mit Dialog Erarbeitung von Kurzreferaten: 1. Welche Aussage der Erzählung hinterläßt den stärksten Eindruck? Welche Bedeutung kommt ihr, aufs Ganze gesehen, zu? Welche religiöse Situation des Menschen verbirgt sich hinter dieser Aussage? 2. Wo finden sich im übrigen Teil der Erzählung Hinweise auf diesen Schluß? a) Bedeutung des ersten Satzes? b) Die erste Aussage des Türhüters (als Wiederholung). d) Welches Verhältnis hat der Mann vom Lande zum Gesetz? e) Bedeutung des ‚Zufalls'? f) Bedeutung der letzten Frage des Mannes vom Lande? 3. Trägt das Gespräch des Geistlichen mit Josef K. im ‚Prozeß' zur Erhellung der Legende bei? (Die Fragen stammen aus Zimmermann, Dt. Prosadichtung ..., Teil II., a.a.O., S. 180)	Taschenbuch, Papers

	Inhalt	Methode	Medien
7.	Kafkas Stil	Einzelarbeit, Lehrgespräch	Papers
8.	Dramatischer Aufbau der Erzählung	Gruppenarbeit Gesprächsleiter sammelt Ergebnisse u. trägt sie im Plenum vor	Papers, Tafel
9.	Zusammenfassung: a) Kafkas Leben b) Kafka und die Frauen, insbesondere Kafkas zweimalige Verlobung mit Felice Bauer c) Parabel und Legende	Symposium mit Dialog	Papers (werden verteilt), auf denen die Kurzreferate schriftlich fixiert sind
10.	Eventuell: Anfang des Spielfilms „Der Prozeß“		
11.	Auswertung, Transfer: Kafka und Felice Bauer – Goethe und Friederike Brion	Gespräch	Kleine Bücherausstellung

Medien und Materialien

Film „Der Prozeß“,
Flip-over zum Beschreiben,
Overhead-Projektor und Leerfolien zum Beschreiben,
verschiedenartige Filzstifte (abwaschbar),

folgende Bücher sollten zur Ansicht ausgelegt werden: Werner Zimmermann, Deutsche Prosadichtung, Teil II, worin S. 174–180 eine Interpretation des Textes enthalten ist,
Max Brod, Franz Kafka, eine Biographie, Fischer-Verl.,
Felix Weltsch, Religion und Humor im Leben und Werk Franz Kafkas, Berlin 1957
Günther Anders, Kafka Pro und Contra, München 1963²
Klaus Wagenbach, Kafka, Rowohlt-Bildmonographie Nr. 91
Peter P. Rohde, Kierkegaard, Rowohlt-Bildmonographie Nr. 28

Spielfilm „Der Prozeß"

„Ein Filmexperiment nach Franz Kafkas Roman ‚Der Prozeß', in dem Orson Welles die eigenartige Erlebniswelt des Dichters, die existentielle Angst und das Schuldgefühl des Menschen mit den formalen Mitteln des expressionistischen Films zu einem Albtraum des von unheimlich-unfaßbaren Mächten verfolgten Angestellten Josef K umprägt. Ein interessantes, jedoch nicht leicht zu entschlüsselndes Werk, das sich an reife Erwachsene wendet.
Meinung des Kritikers: Zum zweiten Male wurde versucht, den Roman ‚Der Prozeß von Franz Kafka auf die Filmleinwand zu übertragen. Die erste Verfilmung, 1954 von dem Regieneuling Luigi Di Gianni unternommen, war gescheitert und hat nach dem Mißerfolg auf der venezianischen Biennale jenes Jahres nirgendwo einen Verleiher gefunden. Di Gianni hatte begonnen, den ganzen Roman in seiner nüchternen Gegenständlichkeit schier Wort für Wort in das Filmbild zu übersetzen. Da das Material überhandnahm und eine ganze Filmserie entstanden wäre, mußte er sich schließlich auf die Anfangskapitel beschränken, um noch in relativ abendfüllender Länge zu bleiben, und außerdem zeigte sich allzubald, daß die gleichsam naturalistische Erzähltechnik Kafkas zwar wiederzugeben war, aber daß die hinter der Alltagswelt des Josef K sich eröffnenden transzendenten Bereiche auf diesem Wege nicht erreicht werden konnten. Fast möchte man meinen, Orson Welles kenne jenen ersten Verfilmungsversuch, denn er hat genau die damals gemachten Fehler vermieden und nun den

entgegengesetzten Weg eingeschlagen, den einer albtraumhaften Abstraktion. Das Scherzwort liegt nahe, aus dem Josef K von Franz Kafka wäre darüber ein Citizen K von Welles geworden, doch ist der Filmregisseur hier mit Kafka durchaus nicht eigenwilliger umgesprungen als früher bei ‚Othello' und ‚Macbeth' mit Shakespeare.
Die Gestalten des Othello und des Falstaff sind uns heute – dank Verdi – von der Opernbühne her vertrauter als vom Schauspieltheater, von dem sie trotz des Namens Shakespeare so gut wie verdrängt sind. ‚Pelléas und Mélisande', das dramatische Meisterwerk des Nobelpreisträgers Maeterlinck, kennt man heute überhaupt nur noch in der Veroperung durch Debussy. Zwar wird der Roman von Kafka gewiß nicht durch den Film von Welles verdrängt werden, aber daß ein Mann von seinem außergewöhnlichen Talent es wagen darf, Kafkas ‚Prozeß' mit seinen Augen zu sehen und auf seine Weise – ebenso wie es Verdi und Debussy mit jenen Stoffen taten – frei um- und nachzugestalten, scheint durchaus rechtens. In den kommentierenden Anfangsworten des Films heißt es, die Logik dieser Geschichte sei die eines Traums oder Albtraums, und mit den formalen Mitteln des expressionistischen Films entwickelt Welles nun den Albtraum des von unheimlich-unfaßbaren Mächten verfolgten Josef K. Die Verfolgung kommt nicht mehr, wie letztlich bei Kafka, aus einem metaphysischen Schuldbewußtsein, sondern es sind geheime und doch reale Gewalten, die einem Josef K. von 1963 den Prozeß bis zur Hinrichtung machen.
Josef K von 1963 – das dürfte entscheidend sein. Wer einmal heute einem Prozeß beigewohnt hat, von politischen gegen Kriegsverbrecher bis zu zivilen wegen Verkehrsvergehen, macht immer wieder die Erfahrung, wie sehr in unserer säkularisierten Zeit das Schuldbewußtsein verflacht oder gar zerstört ist. Gerade in Landesverratsprozessen zeigt sich stets von neuem, daß die Angst vor dem Terror und seinen Organisationen weit stärker entwickelt ist als das Gefühl, sich schuldig zu machen. Nichts anderes als dies zeigt auch Orson Welles in seinem Film von dem Angestellten K des Jahres 1963, der in das anonyme Räderwerk einer geheimnisvollen Organisation geraten ist. In den religiösen Kafka-‚Prozeß'-Deutungen von Max Brod oder von Martin Buber ist das Gewissen des Menschen

vor das immerwährende Weltgericht gestellt, in der Kafka-Deutung von Welles dagegen ist das Gewissen längst verloren, und der Terror eines autoritären Regimes und seiner Organisationen liquidiert nun den isolierten, entseelten Menschen. Wenn in der Todesminute des Josef K im Roman noch der Schatten eines Menschen mit weit geöffneten Armen aus einem Fenster des benachbarten Hauses sieht, ehe die Mörder den Dolch in K's Herzen zweimal umdrehen, gibt es bei Welles für den Sterbenden kein anderes Wesen mehr auf dieser Welt; die Mörder selbst wollen sich keine schmutzigen Hände machen, sondern der Vernichtungsapparat funktioniert heute unpersönlicher – eine Handgranate, die die beiden aus der Entfernung in den Steinbruch werfen, und deren aufsteigender Rauchpilz anzeigt, daß das befohlene Werk ausgeführt ist, und mit dem gewünschten Ergebnis.

Der Film beginnt mit der an sich im neunten (Dom-) Kapitel stehenden Parabel vom Türhüter, als Zeichentrickfilm auf Rastergrund von Alexander Alexejeff und Claire Parker; die beiden zusammen hatten schon vor 30 Jahren in der gleichen Manier den berühmten Kurzfilm „Die Nacht auf dem Kahlen Berge" geschaffen, doch wirkt ihr Stil heute altväterlich und paßt nicht zu der gleich darauf einsetzenden furiosen, immer expressiv übersteigerten Bildsprache von Welles. Manche Szenen entsprechen weitgehend der Kafkaschen Erzählung, bei anderen wieder sind weiter reichende Veränderungen, Vereinfachungen und nicht zuletzt formale Übertreibungen erfolgt. Jener Hang der amerikanischen Kunst zur Ausweitung, zur Aufblähung und zur Maßlosigkeit, der sich in der Literatur auf unterschiedlichem Niveau von William Faulkner bis Margaret Mitchell, in der Malerei bei Jackson Pollock oder im Film von der Gestik her bei Elia Kazan und in der Länge bei den Monumentalschinken zeigt, hat nun hier bei Welles sich bis ans schier titanische verloren. Was die Kamera, die Beleuchtung und die Dekoration nur an exaltierten Phantasmagorien hergeben können, eine Anthologie der bis zur formalen Elephantiasis ausgeweiteten filmischen Möglichkeiten – Orson Welles hat sie in diesen Film hineingebracht, und vor allem hat er sie so gemeistert, daß der Film eine geschlossene Form hat und allein schon in dieser Stil-Einheit fesselt und überzeugt.

Anthony Perkins, der den Josef K spielt, hat bisweilen sogar eine physische Ähnlichkeit mit dem wirklichen Franz Kafka. Zu Beginn des Films erwacht er in der bedrückenden Atmosphäre seines Zimmers, in dem durch eine Blickwinkelverschiebung die Decke selbst wie ein herabdrückender Albtraum auf allem zu lasten scheint. Durch unermüdliches Fahren und Schwenken der Kamera läßt Welles den Raum zum gleichsam irrealen Bereich der Abtrennung und Vereinzelung des Menschen werden, und immer kleiner, immer verlorener erscheint dieser Josef K, wenn (mit der verlassenen Cave d' Orsay in Paris als nicht wiederzuerkennender Kulisse) er durch die riesigen Bürohallen irrt und schließlich unter der Kanzel steht, von der ihm der Sinn jener Parabel vom Türhüter und vom Warten vor dem Tore des Gesetzes erklärt wird. Die Frauen sind in der Darstellung schwach, aber Welles selbst in der Rolle des Advokaten hat das Wesentliche geschafft, als ein Roboter der geheimnisvollen Macht zu erscheinen und dabei doch ein Mensch zu sein. Er spricht dann auch in der Domszene die entscheidenden Worte des ganzen Films, die im Roman dem Priester vorbehalten waren. Und wenn die Stadt, in der sich alles abspielt, nichts vom barocken Alt-Prag der K. u. K.-Zeit mehr hat, sondern eher wie Metropolis oder ein künftiges Babylon wirkt, geht es zuletzt über das antonionihafte Bauland am Stadtrand zu jenem belanglosen Tod, maschinell betrieben, anonym bleibend, der der des Zeitalters der Vernichtungslager und der Atombombe ist. USE

Deutschland/Frankreich/Italien 1962. Produktion: Hisa/Paris Europa/FI.C.IT. Verleih: Schorcht. Regie: Orson Welles. Buch: Atoine Tudal, Orson Welles, nach dem Roman von Franz Kafka. Kamera Edmond Richard. Musik: Jean Ledrut. Darsteller: Anthony Perkins, Jeanne Moreau, Romy Schneider, Elsa Martinelli, Orson Welles. 118 Min. Deutscher Start: 5. 4. 1963."
(Zitiert nach: FD 17/1963 Seite 152/153)

4.3 Ein Hungerkünstler

Sachanalyse

Die Angst vor dem Verlust der eigenen Persönlichkeit durch den Einbruch einer anderen ist auch ein philosophisches Problem. Am anschaulichsten wird dieses Problem in Jean-Paul Sartres Autobiographie „Die Wörter" (Buchgemeinschaftsausgabe, Gütersloh o. J. S. 75 ff.) dargelegt: „Meine Wahrheit, meinen Charakter und meinen Namen hatten die Erwachsenen in der Hand; ich hatte gelernt, mich mit ihren Augen zu sehen; ich war ein Kind, ein Monstrum, das sie mit Hilfe ihrer eigenen Sorgen fabrizierten. Waren sie nicht da, so hinterließen sie ihren Blick, der eins wurde mit dem Licht; ich lief und hüpfte herum unter diesem Blick, der mir meine Natur eines vorbildlichen Enkels aufzwang, der mir meine Spielsachen und das Universum schenkte. In meiner hübschen Glaskugel, meiner Seele, zogen meine Gedanken höchst übersichtlich ihre Bahn: da gab es kein schattiges Eckchen. Jedoch: ohne daß ein Wort gesprochen wurde, formlos und undicht, verborgen hinter jener unschuldigen Transparenz, machte eine transparente Gewißheit alles zunichte: ich war ein Schwindler. Wie soll man Theater spielen, wenn man nicht weiß, daß man Theater spielt? Der klare und sonnige Anschein, der meine Persönlichkeit komponiert hatte, verriet sich selbst: durch einen Fehler im Sein, den ich weder richtig verstand noch jemals zu vergessen vermochte. Ich ging zu den Erwachsenen, ich verlangte von ihnen, sie sollten meine Verdienste garantieren: dadurch geriet ich nur tiefer ins Schwindeln. Da ich dazu verurteilt war, Wohlgefallen zu erregen, spielte ich eine Grazie, die auf der Stelle verwelkte; überall schleppte ich meine falsche Herzlichkeit, meine müßige Wichtigtuerei mit mir herum, stets auf der Lauer nach einer neuen Chance. Ich glaubte sie erwischt zu haben, warf mich in eine Attitüde – und fand abermals die Substanzlosigkeit, der ich entrinnen wollte. ... Ich war ein unechtes Kind, ich hielt die unechte Salatschüssel; ich spürte, wie sich meine Handlungen in Gebärden verwandelten. Das Theater entzog mich der Welt und den Menschen: ich sah bloß Rollen und Versatzstücke, da ich als Clown an den Unternehmungen der Erwachsenen

teilnahm, konnte ich doch ihre Sorgen nicht ernst nehmen. Ich diente voll tugendhaften Eifers ihren Plänen, ohne ihre Ziele zu teilen. Da mir die Bedürfnisse, die Hoffnungen, die Vergnügungen der Menschengattung fremd waren, vergeudete ich mich kalten Herzens, um sie zu bezaubern; sie war mein Publikum, die Rampenlichter trennten mich von ihr und verwiesen mich in ein stolzes Exil, das sich rasch in Angst verwandelte.
Das schlimme war, daß ich die Erwachsenen im Verdacht hatte, ihrerseits zu heucheln."

Basisinformation

Literarische Fakten

Es sollen jetzt noch einmal alle bisher erarbeiteten literarischen Begriffe wiederholt bzw. ergänzt werden.

Epik (allgemein)

Die Epik steht in der Mitte zwischen der lyrischen und der dramatischen Gattung; sie ist einerseits objektiver als das Lyrische und andererseits subjektiver als das Dramatische: die Vorgänge spielen sich nicht im Innern des Dichters ab wie im lyrischen Gedicht, aber sie ereignen sich auch nicht in den dargestellten Personen wie im Drama. Weder die Begeisterung des Augenblicks – die lyrische Momentaufnahme –, noch das unmittelbare Miterschüttertsein durch Identifikation mit den agierenden Personen auf der Bühne bestimmen das epische Werk. Seine Grundhaltung ist die Betrachtung eines Geschehens aus der Distanz. Seine Grundformen sind daher der Bericht und das Erzählen; das epische Werk verlangt einen Erzähler und einen Zuhörer (Leser). Der Erzähler stellt sich zwischen den Vorgang und den Zuhörer. Er vermittelt zwischen Ereignis und Zuhörer, indem er die Ereignisse in betrachtender Weise berichtet. Es scheint, als seien sie bereits abgeschlossen und gehörten der Vergangenheit an. Vorwiegend verwendete Zeitform ist daher das Imperfekt. Die Ereignisse selbst können der Wirklichkeit entnommen, also wirklich geschehen sein, sie können eine solche Realität

vorgeben, sie können aber auch der Fantasie und einer Traumwelt angehören.
Der Erzählform entspricht eine bestimmte geistige Haltung. Der Epiker ist Beobachter. Er beobachtet seine eigenen Gestalten, er beobachtet die Welt um sie her. Seine Neugier versucht, alles zu sehen, alles einzufangen, alles zu wissen und alles zu erkennen, sowohl die Welt als auch das kleine Geschehen am Rand, das Detail. Er schaut jedoch aus abwägender Distanz zu, er betrachtet, er überblickt. Er will die Welt durchsichtig und durchschaubar machen, will sie für den Leser verständlich und begreifbar werden lassen. Er versucht zu zeigen, was die Welt bewegt (die Motivik) und wie es sie bewegt. Er wählt jedoch aus. Das große Ereignis kann ihn unberührt lassen und nur nebenbei interessieren, das kleine, scheinbar unbedeutende Geschehen kann für ihn ganz in den Mittelpunkt der Aufmerksamkeit rücken. Die Personen können über die Absicht, die Welt in ihrer ganzen Fülle einzufangen, in den Hintergrund treten.
Die Rolle des Erzählers: Er ist, wenn er dem Leser gegenübertritt (es gibt auch Epik ohne Erzählergestalt), derjenige, der ihn durch das Geschehen führt, der die Akzente setzt und wertet, wie der Autor das Geschehene gewertet haben will. Er gehört also zum Kunstwerk, ohne der Autor selbst zu sein. Er ist ein organischer Teil des Werkes, nicht aufgepfropft, nicht ein Behelf, um durch reines Erzählen Nichtdarstellbares darstellen zu können. Wie sehr er zum Werk gehört und bewußt im Werk gebraucht wird, zeigt sich besonders deutlich in Werken moderner Dichtung, in denen er sich mit Absicht störend und verfremdend zwischen Handlung und Leser schiebt, um die Identifikation des Lesers mit dem Geschehen und den handelnden Personen zu verhindern. Der Erzähler soll den Leser in der Distanz halten, die kritisches Denken erst ermöglicht oder sogar erst herausfordert.
Der Erzähler kann deutlich hervortreten (Erzählung in der Ich-Form zum Beispiel), er kann sich zurückhalten (indem er zum Beispiel nur in einer Rahmenerzählung erscheint oder etwa in einem Briefroman nur als Herausgeber mit einleitenden Bemerkungen fungiert); er kann in epischer Breite erzählen, er kann knapp und in gedrängtem Bericht darstellen, er kann eine eigene Meinung zum Erzählten

geben, kann es kommentieren, er kann sich auch heraushalten, ja er kann sogar ganz fehlen.
Es gibt zwei Grundtypen des Erzählens: das berichtende Erzählen und die szenische Darstellungsweise. Das berichtende Erzählen vermag besser das allmähliche Werden eines Vorgangs darzustellen. Die Entwicklung erhält erst durch die epische Breite ihre Bedeutung, nämlich durch das Eingreifen des Verfassers (direkt oder auf dem Umweg über den Erzähler), durch seine Ausmalungen, seine Deutungen und seine Kommentare. Ein wesentlicher Bestandteil dieser Art des Erzählens ist die Abstrahierung des Geschehens, die sich im Eingriff des Erzählers ereignet. Die szenische Darstellungsweise meidet diese Abstrahierung und den Eingriff des Erzählers. Sie stellt die Handlung direkt vor den Leser. Im ersten Fall also Anwesenheit eines Erzählers oder, besser gesagt, das Sichtbarwerden eines Erzählers. Im zweiten Fall Abwesenheit, das heißt, der Erzähler tritt hinter die Welt zurück, die er darstellt.
Im ersten Fall ist der Erzähler ein Bestandteil des Bildes, das der Leser gewinnt. Im Bewußtsein des Lesers besteht das epische Werk aus Erzähler **und** Erzähltem. Im zweiten Fall verschwindet der Erzähler völlig im Erzählten. Das hat auch auf die Zeitgestaltung Einfluß. In der szenischen Darstellung können die Szenen beliebig im Vorgriff und Rückgriff springen. Das berichtende Erzählen hält sich vorwiegend an den chronologischen Ablauf; er wird nur durch Einschübe des Erzählers unterbrochen, durch Reflexionen, Anrede, Kommentar. Franz Stanzel unterscheidet in seinem Buch „Die typischen Erzählsituationen im Roman" (Nachdruck 1963) sogar drei Erzählsituationen. Er nennt ein Werk auktorial erzählt, wenn der Autor den Leser führt, indem er durch Eingriff in das Geschehene erklärt oder übersetzt. Glaubt sich der Leser in die Gestaltung hineinversetzt, in eine oder auch mehrere, identifiziert er sich mit den handelnden Personen ohne Zwischenvermittlung des Erzählers, dann wird nach Stanzels Definition personal erzählt. Die dritte Möglichkeit wäre nach Stanzel, daß der Leser sich nicht identifiziert, daß er aber gleichsam als Zeuge sich in der Handlung anwesend fühlt; diese Situation bezeichnet er als neutral erzählt.
In der auktorialen Erzählung stellt sich der Autor selbst mit dar, und zwar neben der Handlung und zumeist als

Erzähler, zum Beispiel als Chronist, indem er vorgibt, den Text gefunden zu haben und ihn nachzuerzählen, oder als Herausgeber, der vorgibt, Briefe oder ein Tagebuch gefunden zu haben. Er greift jedoch nicht unmittelbar in das Geschehen ein, tritt nicht als handelnde und das Geschehen beeinflussende Person auf. Sein Eingriff erfolgt von außerhalb des Geschehens, aus der Distanz und wählt etwa die Form des Kommentars.
Von der Rolle des Erzählers zurück zur allgemeinen Betrachtung der Epik. Wir wollen uns bei der zusammenfassenden Deutung von einem Epiker führen lassen. Alfred Döblin hat in einem Aufsatz „Der Bau des epischen Werkes“ (in „Die Neue Rundschau“ 1929) Auskunft über die Vorstellungen gegeben, die er als Autor vom epischen Kunstwerk hat.

> „Was macht das epische Werk aus? Das Vermögen seines Herstellers, dicht an die Realität zu dringen und sie zu durchstoßen, um zu gelangen zu den einfachen großen elementaren Grundsituationen und Figuren des menschlichen Daseins. Hinzu kommt, um das lebende Wortkunstwerk zu machen, die springende Fabulierkunst des Autors. Und drittens ergießt sich alles im Strom der lebenden Sprache, der der Autor folgt.“

Beginnen wir mit dem letzten Punkt: das Material des Autors ist die Sprache, die gesprochene und die geschriebene Sprache; er findet sie vor, geht von ihr aus und gestaltet sie aufgrund seines besonderen Sprachvermögens. Das besteht einmal in der Sicherheit, mit der er die Sprache handhabt, dann in der Fülle, in der sie ihm auf Abruf zur Verfügung steht und in der Meisterschaft, mit der er sie auf eigene Weise fügt und gestaltet. Letzteres kennzeichnet den ihm eigenen Stil.
Nun zur Realität. Was meint Döblin damit? Jedenfalls nicht das einfache Abbilden vorgefundener Wirklichkeit. In seinem Aufsatz geht Döblin von folgendem Bild aus: wenn sich Don Quichote auf sein Pferd setzt und Sancho Pansa mit dem Esel hinterherreitet, „wird da bloß formal berichtet, wirklich?“ – Weder Don Quichote noch der Esel, auf dem Sancho Pansa sitzt, können aktenkundig gemacht werden. Sie leben auch nur in der Sprache des Dichters, der sie geschaffen hat. „Aber“, fragt Döblin, „was macht nun diesen Spezialesel glaubwürdig von allen übrigen

Eseln?“ und stellt fest, daß es außer den historisch belegbaren Fakten noch eine Existenzsphäre gibt, von der man berichten kann, die aber von Autor und Leser Glauben und Vertrauen verlangt, da sie eben nicht historisch belegbar ist.

Nach Döblin ist daher für das Gelingen des epischen Werkes entscheidend, daß es aus dem frei erfundenen Vorgang des Gedachten und Geschriebenen heraus in eine eigene Art der Realität vorstößt, nämlich dorthin, wo das Exemplarische des Vorgangs und der Figuren als Grundsituation des menschlichen Daseins, als Elementarunterhaltung des Menschen sichtbar wird. Das Kunstwerk gestaltet Wahrheiten, die in ihrer Ursprünglichkeit und Gültigkeit über den Tageswahrheiten stehen. Der Unterschied zwischen dem epischen Dichter und dem üblichen Romanschriftsteller besteht darin, daß letzterer nicht die oben dargestellte Realität erreicht, sondern die Wirklichkeit nur imitiert und darum an der Oberfläche der Realität bleibt, ohne in sie einzudringen.

Das epische Werk enthält mehr Wahrheit als das bloß historische Faktum. Es gelingt ihm im gestalteten und auch im erfundenen Stoff, die Realität der Welt unseres Daseins deutlicher einzufangen, als das die Geschichtsschreibung vermag, weil das epische Werk in seiner Fantasie die eigentliche Wahrheit und das eigentliche Wesen von Welt, Geschehen und Mensch enthüllt. Der Vorgang ist nicht wirklich an sich, der Dichter spielt mit der Realität, trotzdem verwendet er die Berichtsform so, als sei der Vorgang wirklich und ein Faktum. Dem Leser wird jedoch kein abgeschlossener Vorgang oder Charakter vorgesetzt, er wird Zeuge eines Prozesses und erlebt Entwicklung und Wachstum des Werkes mit, ebenso das Werden der Handlung, der Person und der Erkenntnis. Dieses Miterleben geschieht zumeist durch das Medium des Erzählers. Er vergegenwärtigt das vergangene Ereignis. (Zitiert nach: Deppert, a.a.O., S. 2ff., wo eine vorzügliche Darstellung der Epik und ihrer Formen gegeben wird.)

Die epischen Kleinformen

Es werden die Begriffe Erzählung, Parabel, Novelle wiederholt, der literarische Begriff „Anekdote“ wird neu eingeführt

Biographische Daten. Die letzten Jahre (1920–24)

Didaktische Analyse

Motivation

Im Text für das Programmheft des Théâtre du Nouveau Lancry schreibt Eugène Ionesco: „Die Welt kommt mir ab und zu sinnlos vor, die Realität irreal. Dieses Gefühl der Irrealität und die Suche nach einer wesentlichen, vergessenen und namenlosen Realität, außerhalb der ich nicht fühle, daß ich bin, ist es, was ich mit meinen im Zusammenhanglosen herumirrenden Figuren darstellen wollte. Meine Figuren besitzen nichts als ihre Ängste, ihre Gewissensbisse, ihre Mißerfolge und die Leere ihres Lebens. Wesen, die von abwesendem Sinn umgeben sind, können nur grotesk sein. Ihr Leiden kann nur eine Tragik sein, die zum Spott herausfordert. Weil ich die Welt nicht verstehe, warte ich darauf, daß man sie mir erklärt.“ (Ionesco, Argumente und Argumente, Luchterhand)
Es wird empfohlen, diesen Text im Stil der Metaphern-Meditation zu reflektieren.

Lernziele

1 cognitiv

Kafka selbst nennt seine Geschichte „Ein Hungerkünstler“ sowohl Erzählung als auch Novelle. Es finden sich in ihr aber auch die Stilmerkmale der Anekdote. Aus diesem Grunde sollen diese drei literarischen Formen einander gegenübergestellt werden.

Anekdote

Ursprünglich bezeichnet „anecdota“ (nicht herausgegeben) die von Prokop in seiner Geschichte Justinians unterdrückten Berichte aus dem Privatleben dieses Herrschers. Heute bezeichnet man mit „Anekdote“ gemeinhin eine kurze, an eine historische Persönlichkeit geknüpfte Erzählung, die meist in einem Witzwort gipfelt, das den Charakter dieser Persönlichkeit blitzartig von einer Seite her beleuchtet. Die Herausgeber des „Deutschen Anekdotenbuches“, Alverdes u. Rinn, definieren im Nachwort zu ihrem Werk die volkstümliche Anekdote als ‚ein episches Gebilde, in welchem eine epische Situation – wenn nicht überhaupt darauf verzichtet wird – einzig zu dem Zweck erfunden oder herbeigeführt ist, um eine bestimmte, meistens witzige Antwort möglich zu machen‘. (Zitiert nach: Paul Nentwig, Dichtung im Unterricht, Braunschweig 1962, S. 24) Hans Franck erklärt: „Wo ... das menschlich Bewegende die Veranlassung zu der Gestaltung war, da sucht sie es in einem Vorgang oder einem Ausspruch symbolhafter, bei aller Außergewöhnlichkeit tiefmenschlicher Kraft zusammenzudrängen. Immer ist es das oberste Ziel der Anekdote: Kristallisation eines Geschehnisses zu einem Kunstgebilde von klarschönen Maßen und wundervoller Durchsichtigkeit ... In der wahrhaften Anekdote ist durch einen Künstlerwillen, der von Anbeginn auf das Wesentliche bedacht war, während eines langen inneren Schaffensverlaufs eine große, eine ungeheure Summe von Menschentum auf die kleinste Form gebracht.“ (Zitiert nach Nentwig, a.a.O., S. 26)

Erzählung

Nach Nentwig (a.a.O., S. 73) gestaltet die Erzählung einen bedeutungsvollen Lebensausschnitt durch ausführliche Zeichnung und volle Farbigkeit zu einem Abbild der Lebensfülle.
Im Nachwort zu seiner Erzählung „Das Hornunger Heimweh“ (Reclam 7530) schreibt Bergengruen zum Wesen der Erzählung: „Begreift man den Lebensverlauf eines Menschen unter dem Bilde einer aus zahlreichen Strängen geflochtenen Schnur, so muß es möglich sein, einen Strang herauszulösen und ihn gesondert zu betrachten. Es soll in meinem Fall der Strang sein, welcher für mich die größte Wichtigkeit hat u., wie ich mir einbilde, auch das Augenmerk anderer Menschen um seiner Besonderheit willen nicht unwert ist; auf die übrigen Stränge will ich nicht mehr Licht fallen lassen, als zur Anschaulichmachung jenes einen nötig ist.“
Nach Deppert ist der Begriff „Erzählung“ eigentlich eine Verlegenheitsformulierung, J. Müller versteht darunter

„einen Sammelbegriff für episches Erzählen, der auf jeden eindringlichen Bericht eines Vorganges zutrifft". (Zitiert nach Deppert, a.a.O., S. 20)

Novelle

Die Novelle gestaltet in strenger Formgebung eine außergewöhnliche, schicksalentscheidende Begebenheit, die in den Hauptpersonen eine innere Wandlung bewirkt und vom Leser eine sittliche Entscheidung fordert. (Nentwig, a.a.O., S. 65)
Nach Braak (a.a.O., S. 212) sind für die Novelle folgende sechs Kriterien wichtig:

1. Zusammenziehung eines Vorgangs zu einem krisenhaften Vorfall.
2. Geflecht von Vorfall und Mensch; Verknüpfung von Schicksal und Charakter und die Frage ihrer Verflechtung.
3. Kristallisation in einem Wendepunkt, zu dem meist durch das Dingsymbol (Falkentheorie) hingeführt wird.
4. Konzentrierung des Erzählten, äußerste Verdichtung u. abgekürzte Darstellung. Natürliche Reihenfolge der Geschehnisse, wie sie die Erzählung bietet, wird dadurch in der Regel verändert. Ähnlich der Anekdote gipfelt die Handlungsführung in einem einzigen Punkt. Struktureller Aufbau eher verwandt mit dem des Dramas: knappe Exposition, zusammenraffendes Hinführen zum Höhe- und Wendepunkt. Abfall und Ausklang. Der Novellist ist Dramatiker als Erzähler.
5. Szenischer Ausschnitt statt eines breiten Gemäldes; keine ausführliche Milieuschilderung.
6. Länge der Novelle ist nicht entscheidend; es gibt Großformen der Novelle und Kleinformen des Romans.

Braak zitiert u. a. Paul Ernst (a.a.O., S. 218), welcher erklärt: „Eine Novelle muß in ihrem Hauptpunkt etwas Unvernünftiges enthalten, etwas, wodurch sich das in ihr Erzählte als ein Besonderes und Überraschendes ausweist, wodurch es eben würdig wird, behandelt zu werden."

2 affektiv

Wie Kafka ist auch Dostojewskij ein Seher gewesen. Es ist angebracht, auf die geistige Verwandtschaft beider hinzuweisen. In diesem Zusammenhang ist folgendes Zitat des russischen Dichters aus dem Jahre 1873 erwähnenswert: „Der Mensch wird sich vielleicht den verderblichsten Blödsinn wünschen, einzig um dieser ganzen positiven Vernünftigkeit sein eigenes unheilvolles phantastisches Element beizumischen. Gerade seine phantastischen Gedanken, seine unanständigen Dummheiten wird er behalten wollen, und zwar ausschließlich zu dem Zweck, um sich selbst zu beweisen, daß die Menschen immer noch Menschen sind und keine Klaviertasten ... Wenn Sie sagen, man könne auch dieses nach der Tabelle ausrechnen, Chaos, Finsternis und Fluch, so daß schon die bloße Möglichkeit der vorherigen Berechnung alles stocken macht und der Vernunft gar nicht auszuweichen ist, – so wird der Mensch ja womöglich mit Absicht verrückt werden, um keine Vernunft mehr zu haben und somit doch auf dem Seinen bestehen zu können.“ (Dostojewskij, Aus dem Dunkel der Großstadt. Aufzeichnungen aus dem Untergrund. Ausgabe Piper. Zitiert nach: Hans Sedlmayr, Die Revolution der modernen Kunst, rde Nr. 1, S. 106 f.)
Die Leser des Kafka-Textes sollen die Bedeutung der bei Dostojewskij angesprochenen Probleme des Zweifels, der Verzweiflung und der Selbstbesinnung im Sinne einer existentiellen Betroffenheit für ihr eigenes Verhalten erkennen und prinzipiell zur Verhaltensänderung bereit sein. Eine erste Phase des Umdenkens soll dadurch erstrebt werden, daß insbesondere die latenten Faktoren bewußt gemacht und als persönliche Herausforderung provozierend deutlich werden. Gerade dieser Prozeß soll ein ausreichendes Motivationspotential für die weitere Beschäftigung mit Kafka mobilisieren.

3 pragmatisch

Die Schüler bzw. Studierenden sollen in die Lage versetzt werden, symbolhafte Aussagen eines Films (z. B. „Der Prozeß“) zu interpretieren und in spontanen Äußerungen zu artikulieren. Sie sollen ferner Informationen nach einem einfachen vorgegebenen Raster strukturieren und eintragen. Sie sollen in Teilgruppen bestimmte Rollen übernehmen und auch in geringem Umfang Rollenwechsel üben, z. B. mitwirken an einem improvisierten Podiumspiel.

Raster

Dieser Analysebogen kann kurz nach einem Film als stille Spontanreaktion für jeden einzelnen verwendet werden.

1. Schildern Sie Ihren unmittelbaren Eindruck: ...
2. Was hat Ihnen besonders gefallen? ...
3. Was hat Sie geärgert? ...
4. Was ist nach Ihrer Meinung das zentrale Thema dieses Filmes? ...
5. Welche Personengruppe wurde nach Ihrer Meinung angesprochen? ...
6. Wie beurteilen Sie diesen Film:
   a) vom Inhalt her? ...
   b) von der technischen Realisierung her? ...
7. Begründen Sie Ihr Urteil mit einigen Sätzen: ...
8. Welche Szene fällt Ihnen bei Rückerinnerung als erste ein? ...

Operationalisierung

Verlauf und Methoden

	Inhalt	Methode	Medien
1.	Lektüre	Einzelarbeit	Fischer-Taschenbuch Nr. 19 o. ä.
2.	Herausarbeitung der Handlungsschwerpunkte	Gruppenarbeit, Brainstorming, Gesprächsleiter sammelt Beiträge und trägt sie vor	Folien, Flip-over oder Tafel
3.	Besprechung der Ergebnisse	Plenumsdiskussion	Folien, Flip-over oder Tafel
4.	Charakteristiken der Hauptpersonen (der Hungerkünstler, der Impressario)	Gruppenarbeit, Brainstorming, Gesprächsleiter sammelt die Ergebnisse und trägt sie vor	Folien, Flip-over oder Tafel
5.	Besprechung der Ergebnisse	Hearing und Erörterung	Taschenbuch, Papers
6.	Textinterpretation	Gruppenarbeit, Symposium mit Dialog, Erarbeitung von Kurzreferaten	Taschenbuch, Papers

1. Begriffsdefinitionen: „der Blick“ und „Faktizität“ (nach Rowohlt Bildmonographie Sartre Nr. 87, S. 43 ff.)
2. Erörtern Sie die folgende Aussage B. v. Wieses: „Der Hungerkünstler sieht sich in seinem eigentlichen Dasein durch die vorzeitige Beendigung des Hungerns relativiert“!

	Inhalt	Methode	Medien
		3. Das gegenseitige Abhängigkeitsverhältnis von Hungerkünstler und Impressario, Hungerkünstler und Publikum. 4. Inwiefern ist die Erzählung ein Beispiel für die Darstellung des Grotesken? 5. Erörtern Sie am Beispiel des Hungerkünstlers folgende Aussage Sartres: „Ich bin in dem Maße Sklave, in dem ich in der Tiefe meines Seins von einer Freiheit abhängig bin, die nicht die meine ist und die doch die Bedingung meines Seins ist."	
7,	Kafkas Stil	Einzelarbeit, Lehrgespräch	Papers
8.	Der Handlungsaufbau der Erzählung	Lehrgespräch	Papers, Tafel
9.	Zusammenfassung: a) Kafkas Leben b) Die letzten vier Jahre – Milena – Dora Diamant c) Erzählung – Novelle	Symposium mit Dialog	Papers, auf denen die Kurzreferate fixiert sind, werden verteilt
10.	Auswertung, Transfer: Vergleich Kafka-Sartre	Gespräch, Statements	Kleine Bücherausstellung (möglichst in Zusammenarbeit mit der nächsten städt. oder staatl. Bibliothek)

Medien und Materialien

Flip-over zum Beschreiben,
Overhead-Projektor und Leerfolien zum Beschreiben,
verschiedenartige Filzstifte (abwaschbar),
die Bücherausstellung sollte mit einem Bibliothekar zusammen abgesprochen und gestaltet werden, sie sollte u. a. zumindest auch die wichtigsten Werke Sartres umfassen.

Feed back/Checkliste

Zur Effizienzkontrolle ist es empfehlenswert, die Unterrichtsstunden durch die Teilnehmer beurteilen zu lassen. Folgende Fragen sind z. B. möglich:

1. Organisatorische Vorbereitung (bei Veranstaltung innerhalb der Erwachsenenbildung)
   Wurde nach Ihrer Meinung die Veranstaltung gut vorbereitet in bezug auf Raumgestaltung
   Sitz- und Tischordnung
   notwendige Hilfsmittel (z. B. Medien)?

2. Veranstaltungsform, Arbeits- und Gesprächsmethoden
   War die Veranstaltungsform dem Thema angepaßt?
   Welche Form wäre Ihrer Meinung nach besser gewesen?
   Brachten die gewählten Arbeitsmethoden nach Ihrer Meinung einen
   – lebendigen und interessanten Verlauf?
   – größtmöglichen Lernerfolg?
   Waren die gewählten Methoden Ihres Erachtens ungeeignet?
   Wieso?
   Welche Arbeitsmethode wäre Ihres Erachtens erfolgversprechender gewesen?

3. Abbau von Barrieren
   Fühlten Sie sich vom Raum angesprochen?
   Fühlten Sie sich vom Moderator angesprochen?
   Konnte ein partnerschaftliches Verhältnis geschaffen werden: (Moderator/Lehrer – Teilnehmer/Schüler)
   Wurde jemand bevorzugt?

Wurde der Unterricht/die Veranstaltungsreihe durch irgendjemanden „manipuliert"?
Wurden komplizierte Sachverhalte erläutert?
Wurden Fremdwörter übersetzt und erklärt?
Wurden Schweiger aktiviert durch
– einladende Gesten?
– Rückfragen?
– Aufforderungen?
– Provokationen?
Versuchte der Moderator/Lehrer, neue/unbekannte Teilnehmer/Schüler zu integrieren?

4. Erfüllung der Erwartenshaltungen
Hielt die Veranstaltungsreihe/der Unterricht, was Sie sich davon versprochen hatten?
Wurden die Teilnehmer nach ihren Erwartungen gefragt?
Wurden Lernziele angegeben?
Wurden einzelne Lernschritte verdeutlicht?
Wurde Bedeutsames hervorgehoben?
Wurden Selbstwerterlebnisse durch Lob, Hervorheben eines Diskussionsbeitrages o. ä. verstärkt?
Wurde jeder einzelne beachtet?
Wurde jeder Teilnehmerbeitrag gleich wichtig behandelt?
War die Gesamtatmosphäre so, daß sich jeder wohlfühlen konnte (Identifikationserlebnis), oder gab es Isolierte und Außenseiter?
Wurdo der Schutz der Anonymität gewahrt?
Wurden Formulierungshilfen gegeben?
Wurden nicht oder zu ungenau beantwortete Fragen erneut aufgegriffen?

5. Interaktion
Wurden die Teilnehmer zur aktiven Mitarbeit aufgefordert?
Waren Interaktionen zwischen Referent/Lehrer und Teilnehmer möglich?
Wenn nicht, wer verhinderte sie?
Wurden Interaktionen zwischen den Teilnehmern begünstigt, z. B. durch Gruppenarbeit, Tischgespräche, Pausen zur Aussprache untereinander und zur Bildung informeller Gruppen? Wurden „Dauerredner" oder Teil-

nehmer mit großem Informationsvorsprung gebremst?
Wurden blinde Beiträge und Abschweifungen eingedämmt?
Wurden bestehende Spannungen zwischen einzelnen oder Gruppen aufgefangen?
Wurden Konfliktsituationen durch vermittelndes Eingreifen gelöst?

6. Abschluß
   Wurde in der abschließenden Zusammenfassung des Moderators/Lehrers
   - ein übersichtliches Resümee gebracht?
   - Anregung zum weiteren Nachdenken gegeben?
   - eine Motivation zur weiteren Beschäftigung mit Kafka gegeben?

7. Bemerkungen
   (Hier können die Teilnehmer/Schüler weitere Sachinformationen an den Referenten/Lehrer mitteilen)

5. Literaturhinweise

Primärtexte

Betrachtung, Leipzig 1913
Die Verwandlung, Leipzig o. J. (1915)
Das Urteil. Eine Geschichte. Leipzig 1916
In der Strafkolonie. Leipzig 1919
Ein Landarzt. Kleine Erzählungen. München und Leipzig o. J. (1919)
Ein Hungerkünstler. Vier Geschichten. Berlin 1924
Der Prozeß. Roman. Berlin 1925
Das Schloß. Roman. München 1926
Amerika. Roman. München 1927
Beim Bau der chinesischen Mauer. Ungedruckte Erzählungen und Prosa aus dem Nachlaß. Berlin 1931
Vor dem Gesetz. Berlin 1934
Gesammelte Schriften. Hrg. v. Max Brod, 1. Ausgabe Berlin und Prag 1935/37, enthalten: Erzählungen und kleine Prosa, Amerika, Der Prozeß, Das Schloß, Beschreibung eines Kampfes, Novellen, Skizzen, Aphorismen aus dem Nachlaß, Tagebücher und Briefe,
dass., 2. Ausgabe, New York/Frankfurt a. M. 1950/58, enthalten: Der Prozeß, Das Schloß, Tagebücher 1910–23, Briefe an Milena (hrg. v. Willy Haas), Erzählungen, Amerika, Hochzeitsvorbereitungen auf dem Lande u. andere Prosa aus dem Nachlaß, Beschreibung eines Kampfes, Novellen, Skizzen, Aphorismen aus dem Nachlaß, Briefe 1902–24.

Literatur über Kafka und Sekundärliteratur

Brod, Max: Franz Kafka. Eine Biographie. Erinnerungen und Dokumente, Frankfurt 1954[3]
ders., Streitbares Leben. Autobiographie. München 1960
ders., Franz Kafka als wegweisende Gestalt. St. Gallen (1951)
ders., Verzweiflung und Erlösung im Werk Franz Kafkas. Frankfurt 1959
ders., Franz Kafkas Glauben und Lehre. München 1948

Heldmann, Werner: Die Parabel und die parabolischen Erzählformen bei Franz Kafka. Diss. Münster 1953
König, Gerd: Franz Kafkas Erzählungen und kleine Prosa. Diss. Tübingen 1954
Pongs, Hermann: Franz Kafka. Dichter des Labyrinths. Heidelberg 1960
Rochefort, Robert: Kafka oder Die unzerstörbare Hoffnung. Wien-München 1955
Strelka, Joseph: Kafka, Musil, Broch und die Entwicklung des modernen Romans. Forum Wien-Hannover-Basel 1959
Weber, Albrecht, Schlingmann, Carsten und Kleinschmidt, Gert: Interpretationen zu Franz Kafka. Das Urteil, Die Verwandlung, Ein Landarzt, Kleine Prosastücke. München 1970²

Weitere bibliographische Hinweise in:

Järv, Harry: Die Kafka-Literatur. Eine Bibliographie. Malmö und Lund 1961
Hemmerle, Rudolf: Franz Kafka. Eine Bibliographie. München 1958
Wagenbach, Klaus: Franz Kafka in Selbstzeugnissen und Bilddokumenten. Reinbek bei Hamburg, rm 91